QINGSHAONIAN JINDU PUFA SHOUCE

青少年禁毒普法手册

（修订版）

辛知 编著

法律出版社
LAW PRESS · CHINA

北京

图书在版编目(CIP)数据

青少年禁毒普法手册 / 辛知编著. -- 2 版. -- 北京：法律出版社，2023（2024.10 重印）
ISBN 978-7-5197-7782-1

Ⅰ. ①青… Ⅱ. ①辛 Ⅲ. ①禁毒－中国－青少年读物 Ⅳ. ①D669.8-49

中国国家版本馆 CIP 数据核字（2023）第 057720 号

青少年禁毒普法手册
QINGSHAONIAN JINDU PUFA SHOUCE

辛　知　编著

责任编辑　冯高琼
装帧设计　贾丹丹

出版发行 法律出版社
编辑统筹 法规出版分社
责任校对 李慧艳
责任印制 耿润瑜
经　　销 新华书店

开本 A5
印张 8.5　　**字数** 135 千
版本 2023 年 5 月第 2 版
印次 2024 年 10 月第 2 次印刷
印刷 北京中科印刷有限公司

地址：北京市丰台区莲花池西里 7 号(100073)
网址：www.lawpress.com.cn
投稿邮箱：info@lawpress.com.cn
举报盗版邮箱：jbwq@lawpress.com.cn
销售电话：010-83938349
客服电话：010-83938350
咨询电话：010-63939796

书号：ISBN 978-7-5197-7782-1
定价：38.00 元

前　言

毒品与艾滋病、恐怖活动并称世界“三大公害”。我国每年都大力开展禁毒、整治毒品、严打毒品犯罪等活动，但禁毒形势一直都很严峻。2020 年 6 月，习近平对禁毒工作作出重要指示：当前，境内和境外毒品问题、传统和新型毒品危害、网上和网下毒品犯罪相互交织，对群众生命安全和身体健康、对社会稳定带来严重危害，必须一如既往、坚决彻底把禁毒工作深入进行下去。[1]

近年来，随着国家对毒品的严厉打击，多部门联合确保青少年远离毒品犯罪和毒品危害的活动实施，35 岁以下吸毒人员呈现持续下降趋势。2021 年全国新发现 18 岁以下青少年吸毒人员数量较 2012 年下降 71%，青少年毒品预防教育工作效果明显。

---

〔1〕《新华网评：毒品一日不绝　禁毒一刻不止》，载新华网，http://www.xinhuanet.com/politics/xxjxs/2020-06/24/c_1126157496.htm。

不容忽视的是，青少年比中老年更容易沾染上毒品。造成青少年吸毒的因素有很多，如不良的社会风气、家庭温暖与教育的缺失、青少年认知能力的缺乏、新型毒品的风靡等。但是，青少年作为国家的后备力量，一定不能被毒品毒害。抵制毒品，不仅要从立法、打击犯罪、纠正不良社会风气等外部因素做起，更要从青少年自身抓起，要让青少年真正认清毒品、了解毒品的危害，从而做到远离毒品。为了帮助青少年认清毒品的真面目、远离毒品，我们编写了《青少年禁毒普法手册》一书。

本书由 5 编构成。第一编"慧眼识毒"，主要帮助青少年辨识毒品。包括认识一些传统毒品和新型毒品，了解毒品的特征和危害，了解麻醉、镇定、兴奋剂类药品的滥用与危害。第二编"坚决拒毒"，主要为青少年抵制毒品提供帮助。包括对青少年吸毒现状、特点、原因的分析以及防范毒品诱惑的对策。第三编"戒毒有方"，主要介绍戒毒途径。包括自愿戒毒、社区戒毒、社区康复以及非常重要的强制隔离戒毒等。需要指出的是，在这一部分，我们还列举了戒毒成功的励志故事，目的是帮助吸毒青少年对戒除毒瘾坚定信心，警示青少年莫沾毒品、远离毒品。第四编“毒品与法”，主要介绍与毒品有关的法律知识，帮助青少年认识各种毒品犯罪，教育青少年要知法、懂法、守法，避免误入歧途。第五编“志愿行动”，主要介绍禁毒志愿活动，讴歌广大志愿者的无私奉献精神，号召广大群众加入禁毒志愿者队伍。

本书内容丰富，语言通俗易懂，主要通过摆事实、讲道理等方式讲解问题，深入浅出，能激发读者的学习兴趣，引起读者内心深处的共鸣，达到宣传禁毒思想、共同抵制毒品的目的。

我们相信，我国的青少年作为新时代最富有活力的群体，一定能远离毒品。我们也衷心希望本书能为我国的禁毒宣传活动尽绵薄之力！当然，由于时间和编写人员水平的限制，书中难免有不妥之处，还请读者多多批评指正！

编　者

2023 年 5 月

目录

第一编　慧眼识毒

第二编 坚决拒毒

第三编　戒毒有方

第四编 毒品与法

第五编　志愿行动

第一编　慧眼识毒

第一章　一些传统毒品

一、海洛因

海洛因，又称白粉、白面，是一种传统毒品，距今已有 100 多年的历史。海洛因属于鸦片的提纯物，因此海洛因的危害比鸦片更大。刚开始，人们将海洛因当作药物用于戒吗啡毒瘾，但是后来发现海洛因有更强的副作用。中国距离海洛因的主要生产地“金三角”[1]比较近，因此，海洛因成了危害中国的主要毒品类型之一。

海洛因，是以吗啡生物碱作为合成起点得到的半合成毒品。吸毒者吸食海洛因一次就可能上瘾。海洛因具有极强的成瘾性，对吸毒者的危害是十分严重的。

滥用海洛因会对人体产生损害，而且这种损害是多方面的。吸食海洛因会使吸毒者产生血液缺

[1] 所谓“金三角”，是指位于东南亚的泰国、缅甸和老挝三国边境地区的三角地带。

氧、呼吸缓慢、皮肤湿冷、瞳孔缩小畏光、抵抗力下降等生理反应,还会出现不安、焦虑、烦躁、攻击以及自伤、自残等精神失常的现象。海洛因,无论是通过注射器直接注入血液,还是用其他方式吸食,都会通过血液循环将危害物质传送到人体各个器官,破坏各个器官的正常功能,引发多方面的疾病。有些吸毒者共用注射器,还会交叉感染上艾滋病、肝炎等传染性疾病。上述这些传染性疾病如不及时治疗,将危及生命。

二、可卡因

可卡因,又称古柯碱,是从植物古柯的叶子中提纯而来,味道先苦后麻,是一种无色无气味的微细、白色的晶体。它最早用于医疗领域,作为局部麻醉药或血管收缩剂。其麻醉效果好,穿透力强,主要用于表面麻醉。但是,可卡因毒性太强,不宜直接注射。可卡因用于人体,可以刺激中枢神经,使中枢神经系统产生兴奋。自 1985 年起,可卡因成为全球主要的毒品之一,多在美洲和欧洲泛滥。

人体使用可卡因后,大脑皮层会产生兴奋,反复使用即可成瘾。若长期小剂量滥用可卡因可致慢性中毒,一般会影响人体的睡眠与进食,且会出现易激惹、注意力涣散等轻微精神异常，还会产生心理依赖。大剂量使用可卡因会刺激人体中枢神经，产生急性中毒。若再次使用，极易依赖成瘾。

无论是可卡因慢性中毒还是急性中毒都可能导致严重的神经损伤，并出现神经系统并发症，包括缺血性中风、蛛网膜下腔出血、脑出血、头痛、晕厥、癫痫甚至死亡。有的吸毒者通过注射器将可卡因注入血液，毒性直达心脏。若吸毒者共用注射器，极易感染肝炎、艾滋病等疾病，严重威胁吸毒者的生命健康。

三、大麻

大麻，是一年生草本植物，喜欢光照，可以耐受空气干燥，但是不能耐受土壤干燥，对土壤的要求较高。这种一年生草本植物的韧皮纤维也是最早用作纺织纤维的材料之 。公元前 1 世纪到 20 世纪后半叶，大麻一直是人们广泛种植的农作物。大麻又名线麻、胡麻、野麻，可剥麻收籽，有雌雄之分。它可以入药，其作用有祛风、利湿、行气、化滞，麻仁能够补中益气。

大麻也可以提取毒品，使用剂量超过一定的限度就会使人产生依赖。这种依赖以心理依赖为主,躯体依赖较轻,不易产生耐受性。成瘾者长期服用大麻会造成精神障碍,包括焦虑和妄想等,而且会伤及记忆神经,甚至影响免疫系统,诱发其他疾病,损害人体健康。有些人加大服用剂量,会出现低血压、呼吸抑制、休克等中毒症状,不及时救治极可能导致死亡。服用大麻成瘾后停止服用大麻会产生戒断反应,即停止服用大麻后一段时间内会出现头痛、恶心、厌食、腹绞痛、发抖、失眠等症状。

四、罂粟

罂粟,是一年生草本植物。它茎高 30~80 厘米;花朵五彩缤纷,有白色、红色、紫色;叶片碧绿;蒴果高高在上。罂粟花,花大艳丽,香气浓郁,是世界上最美的花之一。其花果期一般在 3~11 月。罂粟的生长条件要求雨水较少、土地保持湿润、日照时间较长。缅甸、泰国和老挝三国交界地区正好满足罂粟严格的生长条件。因此,该地区成为适宜罂粟生长的地区之一。

罂粟是制取鸦片的主要原料,故罂粟这一美丽的植物又被称为“恶之花”。我国对罂粟种植严加控制;除药用科研外,一律禁植。

五、鸦片

鸦片，又名阿片，俗称大烟，源于罂粟植物蒴果。其含有20多种生物碱，其中包括吗啡、可待因等。因为产地不同，鸦片呈现黑色或褐色，有氨味或陈旧尿味，味苦，气味强烈。精制鸦片呈棕色或金黄色，吸食时可以散发出香甜气味。鸦片对人体的危害极大。在清朝中后期，鸦片给我国带来了巨大的灾难。1840年爆发的第一次鸦片战争，就是因为清政府打击外国商人向中国走私鸦片，进行了虎门销烟，英国资产阶级认为中国禁烟措施阻碍了其继续掠夺中国财富，损害了英国的利益，从而鼓动英国政府通过军事行动侵略中国引发的。

鸦片，会让吸食者在心理上和生理上对其产生依赖，严重危害吸食者的身心健康和生命安全。长期吸食鸦片会导致人体各器官功能衰退，尤其对胃功能、肝功能及生育功能的破坏性极强，还会让吸食者变得虚弱从而引发各种疾病，最终导致死亡。过量吸食鸦片可引起急性中毒，严重者会因呼吸抑制而死亡。

六、吗啡

吗啡,属于阿片类生物碱,是鸦片类毒品的重要组成部分,在鸦片中的含量约为10%,是一种无色柱状晶体。其衍生物盐酸吗啡是临床上常用的麻醉剂,有极强的镇痛作用,多用于因创伤、手术、烧伤等引起的剧痛。如果科学地使用,吗啡是一种有效的止痛药;如果滥用,则会变成毒品。

吗啡的成瘾性很强,容易使人产生强烈的精神依赖、躯体依赖及耐药性。有的人小剂量连续使用两次即可成瘾。吗啡能够刺激人体神经中枢,使吸食者出现嗜睡以及性格改变等症状。如果长期大剂量地使用吗啡,吸食者会记忆力减退、出现幻觉、精神失常,甚至死亡。

七、古柯

古柯,别名为古加、高柯,一种灌木,高2~4米,是生长在南美洲的一种传统种植物。早在16世纪,人们就发现,嚼食古柯的叶子有提神的作用。古柯的叶子可以入药,有补肾助阳、镇痛的作用。

古柯叶子中的古柯碱含量其实很低,要经过多道程序纯化之后才能得到古柯碱。但是,如果大剂量食用古柯叶，食用者也会出现神经敏感、精神亢奋、判断力下降等一系列中毒症状。慢性中毒者会出现耐受性增强的反应，即古柯的药用价值在其身上很难起到治疗作用。长期依赖古柯镇痛的患者还可能出现撤药综合征，即停药后主要表现为疲乏、睡眠障碍、情绪障碍、精神运动性兴奋，严重者还会自杀。

第二章　一些新型毒品

一、冰毒

冰毒，即甲基苯丙胺，又名甲基安非他明、去氧麻黄碱，是一种无味或微有苦味的透明结晶体，纯品很像冰糖，形似冰，故俗称冰毒。冰毒是一种新型毒品，20 世纪 90 年代进入中国，其有胶囊、粉剂、小块等多种形式。

服用小剂量冰毒有短暂的抗疲劳的作用，故其丸剂又有“大力丸”之称。吸食冰毒的人往往一次成瘾，且多为心理上的依赖。所以，仅靠物理戒毒往往达不到预期的效果，很多人会复吸。

冰毒对人体的最大危害就是破坏脑组织。若吸食者每月吸食冰毒 5 次以上，持续 2 年左右便会出现明显的精神异常。具体可表现为情感冲动、活动过度、情绪偏执、举止野蛮、妄想甚至有杀人倾向。上述状态过后，会出现一种极度衰竭和抑郁的状态，严重者会出现自杀倾向。相比吸食海洛因，吸食冰毒更具损伤性。很多年轻人在出入娱乐场合时没有警惕性，易在他人引诱的情况下吸食冰毒。很多人认为服用一次不会上瘾，但是后果往往十分严重，甚至一发不可收拾。

二、摇头丸

摇头丸，是人工合成毒品，含有苯丙胺类兴奋剂成分，是我国规定管制的精神药品。

摇头丸对人体有强烈的中枢神经兴奋作用，具有很强的精神依赖性，危害十分严重。服用后表现为活动过度、感情冲动、性欲亢进、嗜舞、偏执、妄想、自我约束力下降以及出现幻觉和暴力倾向等。该毒品现主要在迪厅、卡拉 OK 厅、夜总会等公共娱乐场所以口服形式被一些疯狂的舞迷滥用。

一般情况下，服用摇头丸几分钟之后便开始产生作用，服用 1 小时后作用达到巅峰。服用者先是感觉到浑身发热，之后开始不自觉地晃动身体，忍不住摇头。有的场所为了方便吸食者服用，将摇头丸溶解于水或者饮料当中，制作成“开心水”等。

研究数据显示，我国摇头丸的滥用者中有大部分人年龄在 16～25 岁。青少年对新事物有好奇心，缺乏毒品防范意识，尤其在娱乐场所接触到隐蔽性强的新型毒品时没有辨别能力，很容易染上毒瘾，极大地影响和损害了青少年的身心健康，对国家和民族的未来构成了极大的威胁。摇头丸与传统阿片类毒品一样，会使人产生极强的精神依赖，即便是戒毒成功的人，也极易复吸。

三、K 粉

K 粉是氯胺酮的俗称，呈白色粉末状，无色无味，可以溶于水、饮料或者酒水之中。

美国于 20 世纪 60 年代发明了氯胺酮这种麻醉药物，在战争中为救治伤员广泛使用。后来，人们发现它不仅具有麻醉作用，还可以引起人的兴奋和幻觉，有些人开始滥用氯胺酮。氯胺酮极易使人产生依赖性——通常情况下只要吸食两三次即可上瘾，是一种很危险的精神类药品。吸食者在服用药物之初会表现出四肢瘫软、全身无力等症状，听到节奏欢快的音乐后会条件反射地手舞足蹈，直至筋疲力尽。滥用氯胺酮会造成人体中枢神经中毒，使人出现幻觉、精神分裂等症状，还会对人的记忆力和思考能力产生消极影响。吸食 K 粉 2 年以上的滥用者，智商远低于常人。

氯胺酮，因其价格便宜、易于吸食，很快被不法分子滥用。一些不法分子经常在娱乐场所将K粉溶入酒水或饮料中诱骗青少年服用，致青少年染上毒瘾。

四、麻果

麻果是泰语的音译，又名麻古，呈现出来的颜色通常有红色、绿色和黑色，是冰毒经过再加工之后的片剂，属于苯丙胺类兴奋剂。麻果吸食之后极易成瘾。随着吸食次数的增多吸食量也会逐渐增加，最终吸食者会因吸食过量而死亡。可以说，麻果是当今新型毒品中毒性较强的一种，且在临床上不具有任何药用价值。

吸食者在吸食麻果后通常会表现出不安、头昏、震颤、话多、易激惹、烦躁或惊恐等症状。很多人在吸食麻果之后会脾气暴躁、情绪冲动、出现幻觉，更有甚者会自残或者伤害他人。吸食麻果会造成慢性中毒，从而引发一系列身体疾病，最终造成不可挽回的后果。近年来，因麻果的价格比摇头丸低，所以麻果毒情在我国发展较快。

五、麦角乙二胺(LSD)

麦角乙二胺(LSD)，无色无味，开始多以胶囊的形式出现,当前最常见的为吸水纸形式(又称"邮票"),也有丸剂形式。人服用它之后听到音乐就会不自觉地手舞足蹈。目前,它是一种药力最强的致幻剂,滥用之后会造成吸食者行为和精神的异常,丧失对空间和距离的正常感知。有一个真实的案例,一位吸毒者在服用此毒品之后,看到马路上很远的地方有辆车,便准备过马路,实际上,车辆距离该吸毒者非常近……类似因吸毒致幻造成的悲剧很多,增加了吸毒者意外受伤或死亡的风险。LSD 非常容易被人体吸收,很小的剂量就会造成严重的幻觉。LSD 的致幻时间可长达 12 小时,危害极大。

需要注意的是,"邮票"比指甲盖还小,吸食方式是含在嘴里,通过皮肤黏膜渗入人体。"邮票"相对价格低廉、隐蔽性强、形式新颖,常常以青少年为目标人群。

六、咖啡因

很多人没有想到,咖啡因也属于新型毒品之一。在我们日常饮用的饮料中,很多会有咖啡因的成分,比如咖啡、茶水等。咖啡因就是经过化学合成或者从咖啡果、茶叶中提取的生物碱。

咖啡因属于一种神经兴奋剂,具有驱除疲劳、兴奋神经的作用。人们日常少量饮用咖啡或者茶水不会有损健康,但是,若长期大量地服用咖啡因就会对人体造成损害。而且,咖啡因也具有成瘾性,如果长时间、大剂量地服用咖啡因或者饮用含有咖啡因的饮料,一旦停下来就会出现精神萎靡、神思倦怠等症状。孕妇如果无节制地饮用含有咖啡因的饮料,可能会造成婴儿智力低下以及肢体畸形的严重后果。目前,咖啡因为国家管制精神药品,使用的时候要注意用量,避免形成依赖。

七、三唑仑

三唑仑又称海乐神,在口服 5~10 分钟之后即可使人昏迷晕倒,因此俗称为蒙汗药、迷魂药。它呈淡蓝色片状,没有任何味道,可溶于水,是一种高效的麻醉药品。它的催眠、镇定效果远远高于安定片。若长期服用,吸食者会对其产生依赖。有些不法分子利用三唑仑有迅速催眠的作用实施抢劫、强奸等不法活动。因此,对于陌生人提供的饮料、酒水要提高警惕,不要轻易饮用。

八、γ-羟丁酸(GHB)

γ-羟丁酸(GHB)与三唑仑类似,也是一种迷魂药,又称液体迷魂药、“神仙水”。它是一种无色无味的液体,使用之后会导致人心率下降、呼吸抑制,甚至失去意识,而且苏醒后对服药期间的事情没有任何记忆。不法分子常常利用此药物实施犯罪。

九、止咳水

止咳水,是指含有复方可待因成分的止咳药水,它的主要成分是磷酸可待因、盐酸麻黄碱等。由于止咳水有止咳、镇痛的功效,通常情况下,人们用它来治疗干咳。但是,长期服用止咳水会使人对其产生心理依赖,症状类似吸食海洛因;过量服用会刺激神经中枢,导致中毒性精神病,造成吸食者神志失常、昏迷、心跳停止等严重后果。对于这种有副作用的处方药,一定要严格依照医生开具的处方购买;如果遇到无良商家公然出售此类药品,一定要及时举报。

十、恰特草

恰特草,又名阿拉伯茶、也门茶、埃塞俄比亚茶、布什曼茶、东非罂粟,原产地为埃塞俄比亚,现广泛分布于热带非洲、埃塞俄比亚、阿拉伯半岛以及中国的海南、广西等地。恰特草属于软性毒品,价格便宜，外形颇具迷惑性——刚摘下来新鲜的时候外形酷似市场上常见的苋菜，吸食者直接嚼食；如果将恰特草晒干，外形又像茶叶一样。恰特草的毒效与海洛因一样，能使吸食者兴奋或产生幻觉。药力退却之后，吸食者多会感到沮丧，逻辑混乱；长期吸食可能造成厌食，甚至引发心血管疾病。

十一、迷幻蘑菇

迷幻蘑菇，内含二甲羟色胺磷酸，是一种新型软性毒品。迷幻蘑菇大多为粉红色片剂，具有迷幻作用，其迷幻成分主要由一种含毒性的菌类植物“毒蝇伞”制成。进食迷幻蘑菇者会出现恶心、肌肉无力、昏睡、瞳孔放大、流汗、动作不协调及焦躁不安等反应；如大量服用，会产生幻觉，症状可持续长达 6 小时。更可怕的是，吸食者还会出现行为受他人支配的情况，会将各种秘密与隐私通过交谈随意告诉他人。并且，心脏有问题的人服用后可导致休克或突然死亡。

十二、开心水

开心水，又称“HAPPY 水”，通常含有冰毒、苯丙胺、氯胺酮、MDMA 等毒品成分中的一种或者几种。

开心水呈无味、透明、液态,具有较强的隐藏性。饮用开心水后会出现中毒症状,通常表现为头痛、多话、高烧、盗汗、血压上升、瞳孔放大、食欲丧失等症状。大剂量饮用后会让人精神错乱,出现思想障碍,甚至出现妄想性精神分裂症,变得多疑,出现幻听等。

十三、笑气

笑气,又名氧化亚氮(N_2O),无色,可以助燃,有轻微麻醉作用。20 世纪早期,笑气作为重要的麻醉剂用于医疗。后经研究发现,笑气的滥用会产生严重的危害。虽然我国目前没有将“笑气”列入毒品目录,但吸食“笑气”具有很强的成瘾性,吸食后对人体的危害极大,容易让人产生依赖,其危害性不亚于毒品。吸食者会产生轻度的身体感知改变,轻度眼花、震颤,甚至大笑等现象。如果大量吸食笑气,可能出现幻觉、精神错乱、意外伤害、恶心等强烈副作用,甚至死亡。

十四、聪明药

“聪明药”,顾名思义,意指一种让人变聪明的药品。售卖这种药的人往往宣称该药无毒副作用,食用后可以帮助人们消除学习和工作中的疲惫感,有助于提高记忆力,使思维变得敏捷等。事实上,“聪明药”实为利他林、莫达非尼等在内的国家一类精神类管制药品,其成分主要为哌醋甲酯、右苯丙胺等。并且,不法分子往往将甲基苯丙胺(冰毒)、咖啡因成分掺杂进“聪明药”里进行贩卖。

滥用“聪明药”,轻者成瘾,无法正常学习、工作、生活;重者出现幻觉、精神失控等症状。

十五、新精神活性物质

新精神活性物质(New Psychoactive Substance, NPS)实际上是一种更新形式的毒品,其又被称为“策划药”“设计毒品”“实验室毒品”“第三代毒品”等。在市场宣传方面,不法分子利用“合法快感”“植物性食品”等字眼来售卖新精神活性物质,以合法的外衣掩盖毒害的事实。相比较传统毒品,新精神活性物质的毒性与危害性有过之而无不及,具有相似或更强的兴奋、致幻、麻醉等效果。人们吸食该物质后,思维、情感、意志行为甚至意识状态都会受到严重影响,很容易产生精神依赖,并且还会引起偏执、焦虑、恐慌、被害妄想等反应,由此诱发的恶性暴力案件屡有发生。

新精神活性物质种类繁多，主要包括：

(1)合成大麻，是一系列具有类似天然大麻素作用的人工合成物质，其多以香料、烟草、电子烟油、花瓣等形态出现，代表制品包括“小树枝”“香料”“香草烟”等。吸食合成大麻的成瘾性和戒断症状类似天然大麻，会导致心血管系统疾病以及精神错乱，同时也存在致癌的风险。

(2)卡西酮类，该类物质已达上百种，常以“浴盐”“植物肥料”“除草剂”“研究性化学品”等名称伪装出售，多是粉末和片剂。吸食卡西酮类物质会导致兴奋、致幻、心动过速、血压升高、大脑损伤等，严重者会出现精神错乱、自残及暴力攻击他人的行为。

(3)芬太尼类，一种由芬太尼衍生而来的新精神活性物质，属于人工合成的强效麻醉性镇痛药，镇痛强度是吗啡的 80 倍。过量使用此类物质会导致瘙痒、恶心、呼吸抑制。更为可怕的是，此类物质药效较强，超量摄入一点点就会危及健康甚至生命，美国已报道上万起滥用芬太尼类物质致死案例。

(4)苯乙胺类，多为粉末状，此类物质已达上百种。吸食此类物质除产生兴奋、致幻作用外，还会导致精神错乱、妄想和抑郁等症状。

(5)哌嗪类，常以聚会药物出售，多是片剂和粉末，吸食后会产生兴奋和致幻作用，毒副作用同其他毒品类似。

(6)色胺类，是“零号胶囊”的主要成分，多以片剂、胶囊、液体、粉末等形式出售，吸食后能使人体产生强烈的幻觉，毒副作用同其他毒品类似。

(7)一些植物类物质，如卡痛叶(Kratom)、鼠尾草(Salvia divinorum)等。

第三章　毒品的特征

一、极大的危害性

毒品的危害性主要表现在对吸毒者本人、家庭、社会三方面。

吸食毒品不仅会对吸毒者的健康造成严重的危害,而且很容易传播多种疾病,其中以性病和艾滋病最为多见。如果在怀孕期间吸毒可能造成新生儿畸形,也会造成新生儿出生后就有毒瘾。

毒品对家庭的危害主要表现为消耗家庭财富以及对家庭成员的影响,如吸毒者往往因购买毒品耗费大量资金,出现家庭经济困难;吸毒后易情绪失控伤害家人等。

毒品同时也会危害社会,阻碍社会经济的正常运行,引发犯罪,影响社会治安。毒品横行,会造成社会财富的巨大损失和浪费、人们的身心受侵蚀,严重危害下一代的健康成长,在一定程度上会削弱社会生产力和民族凝聚力。

二、极强的依赖性与耐受性

依赖性分为生理依赖性和心理依赖性两个方面。其中,生理依赖性是指在某一段时间内不断地使用某种毒品,吸食者会出现周期性或慢性中毒的症状,如不继续使用该毒品则会导致身体机能紊乱,使身体受到损伤。据研究,吸食鸦片类毒品人体产生的生理依赖性最为强烈。心理依赖性是指吸食者在多次吸食后对所吸毒品产生了主观渴望。毒品的心理依赖性是吸毒者在生理脱瘾后复吸的重要原因,极难根除。

耐受性是指吸食者不断使用同一种或同一类毒品后,机体对原有剂量的毒品会变得不敏感,导致吸食者需要不断增加剂量才能达到和以前一样的效果。因此,吸毒者对毒品的用量会逐渐增加、吸食间隔也会缩短,直到吸食过量致死。

三、世界范围内的违法性

某些毒品在科学使用时有一定的药用价值,在临床医学中必不可少,但通过非法渠道获取毒品、滥用毒品均被我国明令禁止。世界各国均十分重视打击毒品与毒品犯罪。1987 年 6 月 12 日至 26 日,联合国在维也纳召开关于麻醉品滥用和非法贩运问题部长级会议，会议提出了“爱生命，不吸毒”的口号，138 个国家的 3000 多名代表一致同意将 6 月 26 日定为“国际禁毒日”，号召全球人民共同解决毒品问题。如今，各国、各地区对于打击毒品跨国犯罪问题，联合得越来越紧密。

第四章　毒品的危害

一、吸毒会吞噬健康，摧残生命

青少年身心发育尚未成熟，一旦吸毒成瘾，势必会对其身心健康造成直接而严重的伤害。无论何种毒品，一旦进入人体都会产生各种毒副反应，会对人体造成不可修复的损害。比如，毒品对人体的消化、呼吸、免疫、心血管等系统会产生严重的影响，且滥用毒品还会导致多种并发症的发生，如肾功能衰竭、动脉炎等。此外，毒品还会对人体的神经系统造成损害，使吸毒者出现精神萎靡不振、容易冲动、攻击他人等症状。现实中，许多吸毒者也会因突然终止吸毒或减少吸毒量而产生非常严重的戒断症状以及各类并发症，更有甚者因痛苦难忍而选择自杀。由此可见，毒品对人体的危害是十分严重的。有人这样告诫吸毒者："吸进去的是白色粉末，吐出来的却是自己的生命。珍爱生命，远离毒品。"

二、吸毒会扭曲人格

具有依赖性是毒品的主要特征之一。毒品不仅会让人对其产生生理上的依赖,还会使人产生心理上的依赖,使吸毒者变成毒品的奴隶。吸毒者第一次吸毒往往是出于某种动机,如好奇、消愁。但无论是出于何种原因吸毒,毒品都会使吸毒者的某种人格缺陷扩大化,甚至精神堕落。当吸毒成瘾后,想方设法获取毒品成为吸毒者生活的重要部分,他们会变得贪图享乐、好逸恶劳、丧失社会责任感、六亲不认。此外,吸毒者在焦虑、敌意、偏执等方面的指数明显高于正常人。并且吸毒者往往意志非常薄弱,失去辨别是非的能力,为了获取毒品不惜放弃道德底线,易被不法分子所利用。所以,青少年要远离毒品的侵害,正确面对五彩斑斓的人生。

三、吸毒容易使人犯罪

吸毒与犯罪就像一对孪生兄弟,一旦接触毒品就离犯罪不远了。毒品就像一条毒蛇,它会慢慢吞噬吸毒者的意识,最后吸毒者将变成一具没有灵魂的躯体。曾有报道称,一位懂事乖巧的花季少女因吸毒被逼卖淫,父母发现后将其带回家中静养,但其在毒瘾发作时将父母乱刀砍伤。可见,一个人无论多么明是非、知情理,一旦吸食毒品就会变成行尸走肉,没有思想、没有情感,毒品就会成为他们生活的重心。在耗尽个人和家庭财产后,吸毒者为了能够继续吸毒,更是会铤而走险——去骗、去偷、去抢,严重危害他人和社会的安全,最终走上违法犯罪的不归路。除为了吸食毒品而走上犯罪道路的吸毒者外,还有为了谋取巨额利润而走上犯罪道路的贩毒者。毒品主产地的贩毒集团往往拥有众多的地下工厂、精良的武器设备、国际运输贩卖网络、严密的组织体系,集贩毒、恐怖、黑社会为一体。其暴力活动之猖獗、手段之残忍,令人发指,严重危害国家公共安全,危害世界和平。总而言之,吸毒者很容易做出危害他人和社会安全的犯罪行为,从此走上不归路。因此,为了自己和他人的安全以及社会的稳定,我们应该远离毒品、远离毒品犯罪。

四、吸毒会增加感染及传播艾滋病等各类传染病的风险

吸毒后会导致人体的免疫功能下降,吸毒者更容易患上各类传染性疾病。艾滋病病毒传播的途径主要包括血液传播、母婴传播、性传播。吸毒者经常

共用注射器注射毒品，一旦有人携带艾滋病病毒或患有艾滋病，则共用注射器的吸毒者就会被传染。青少年心智尚未成熟，易受他人蒙骗，结伴吸食毒品的情况更为常见，所以青少年吸食毒品更易相互传播感染各类传染病。此外，为了能够吸食毒品，有些女性会被迫卖淫，在卖淫活动中很有可能会传染他人或被他人传染艾滋病及各种性病。由此可见，毒品与艾滋病等各种传染病有着千丝万缕的关系，我们更应坚决抵制毒品！

五、吸毒会使家庭败落

吸毒者在自我毁灭的同时，也破坏了自己的家庭。毒品属于价格高昂的“消费品”。一旦沾染毒品就难以戒掉，所以许多吸毒者为了能够获得毒品，在花光所有积蓄后，就会不惜变卖家财，四处举债，甚至毁掉整个家族也在所不惜。曾有报道称，为了筹集毒资，一男子不惜将自己年幼的孩子卖掉。由此可见，家里有一个人吸毒，就意味着整个家庭将面临毁灭性的灾难。在现实生活中，很多幸福的家庭因其成员吸毒而毁灭；很多人因吸毒而妻离子散、家破人亡；很多孩子因父母吸毒而无家可归、四处流浪。毒品如毒蛇猛兽，它不仅会毒害我们的身体与精神，还会毁灭我们的家庭。为了家人的笑容，为了家庭的和谐，我们要拒绝毒品，珍惜当下来之不易的幸福生活。

六、吸毒会贻害后代

吸毒不仅会危害我们自身的健康，更会给我们的后代带来无尽的灾难。如果母亲在怀孕期间吸毒，有毒成分会通过脐带传给胎儿，使孩子一出生就染上毒瘾，成为小小的“瘾君子”；倘若母体因吸毒而感染艾滋病，那么孩子一出生就极易感染艾滋病。此外，有研究表明，毒品还会影响吸毒者的生育能力，父母吸毒的孩子患有先天性疾病的概率要远高于正常人所生的孩子。同时，如果孩子在父母吸毒的家庭环境中成长，可能会因长期无人照顾而营养不良，身体健康受到严重损害；还可能会因缺乏关爱而人格不完善，心理有障碍，难以与人相处，无法融入社会；甚至会随其父母染上毒瘾。由此可见，吸毒对后代的负面影响甚广，吸毒贻害子孙，切勿沾染毒品。

七、吸毒会毒害社会风气，影响国民素质

毒品就是一头怪兽，威胁着吸毒者的生命安

全,侵蚀着吸毒者的道德良知。毒品腐蚀着吸毒者的灵魂,使其成为行尸走肉。吸毒者大都会以自我为中心,贪图享乐,人格低下,毫无自我约束能力,对于任何人、任何事都会报以冷漠的态度,失去道德观念、伦理准则和是非标准。吸毒者整日沉溺于毒品幻化出的虚无缥缈的假象之中,毫无道德、法律意识,易做出败坏社会风气的行为。此外,毒品还严重影响国民素质。毒品进入人体后,会损害人体的呼吸、神经等系统,使吸毒者身体消瘦、精神涣散,体力和智力水平明显下降,甚至不能正常进行劳动,这无异于将吸毒者变成了社会的废人。联合国统计资料显示,全世界每年至少 10 万人死于吸毒,其中大多数是青少年。此外,还有超过 1000 万人因吸毒而丧失劳动能力。由此可见,吸毒会严重影响国民素质,毒害社会风气。

八、吸毒会吞噬社会巨大财富

毒品消耗着人类社会的巨大财富。一方面,吸毒者因吸毒成瘾,身体易感染各类疾病,身体素质变得极差,精神萎靡不振,责任意识淡薄,很难再从事社会劳动。即便有些吸毒者能够从事社会劳动,但其出现意外事故的概率会明显高于正常人。由此看来，毒品会使吸毒者降低甚至丧失劳动能力，使其创造社会财富的能力减弱，甚至消耗社会财富，成为社会的负担。另一方面，为了与毒品作斗争，政府需要投入大量的财力。在我国，政府在治疗吸毒者、开展禁毒教育、加大缉毒力度等方面投入了大量的财力、物力，且每年的投入量都在逐渐增加。由此可见，吸毒不仅不会为社会创造任何积极意义上的财富，还会严重损耗社会财富。因此，我们应当积极抵制毒品，用自己的双手为社会创造有积极意义的财富。

九、吸毒会对社会生产力造成巨大破坏

毒品在威胁人类生命安全的同时，也对社会生产力造成了巨大的破坏。大多数吸毒者无意从事生产劳动，不能为社会创造财富；即使有的还能参加工作，但极易发生意外事故。有报道称，美国吸毒者的生产事故要比正常人高出3~10倍，每年由此造成的经济损失约260亿美元。在我国吸毒严重的西南边境地区也曾出现工厂停工、农田荒废的情况。由此可见，吸毒对社会生产力造成了极大的破坏，严重阻碍了社会的发展。所以，我们要远离毒品，保护社会生产力。

十、毒品加工会严重污染环境

在加工、制作毒品的过程中会对环境造成严重的污染。在生产毒品的过程中,需要大量使用各类化学试剂,同时会排放出有毒的“三废”物质,这些化学试剂和“三废”物质会对生态环境造成污染。有关研究表明,每生产3千克的可卡因就会毁掉约5公顷的热带森林,这也对自然资源造成了破坏。并且,生产可卡因会产生大量有毒的废渣、废水,如果将这些有毒物质直接排入河流中,会造成水中的生物、植物大量死亡;倘若这些有毒物质污染到农田,农作物必然会受到毒害。那么,最终以农作物为食的人类势必受到影响。总之,我们即使不吸毒,也有可能受到毒品加工过程中产生的有毒物质的侵害。当前,在我国华南、华东沿海的部分城镇,因境外贩毒组织与境内不法分子相互勾结,非法加工、生产冰毒导致环境严重污染的情况已经被证实。这表明因毒品加工污染环境、破坏自然资源的事情已经在我们身边真实发生,我们再也不能坐以待毙,应当提高警惕,坚决抵制毒品的侵害。

第五章　麻醉、镇静、兴奋剂类药品的滥用与危害

一、麻醉药品的滥用与危害

麻醉药品会直接作用于人的中枢神经系统；若持续用药，久而久之，人就会对麻醉药品产生强烈的依赖性。一旦停止使用麻醉药品，使用者则会产生很多不良反应，如失眠多梦、急躁不安等，更严重的还有急性肌张力异常、锥体外系反应等情况，甚至会猝死。若滥用这些麻醉药品会严重危害人体健康。

此外，很多研究表明，滥用麻醉药品，用药者会对药品产生严重的依赖性。若长期滥用，还会使用药者的高级神经系统受到损害，产生心理异常，导致性格扭曲，最终精神失常。用药者为了寻求感官的刺激，什么事情都可能做得出来，不利于社会的稳定。

所以，麻醉药品的使用人员一定要对药物有客

观及科学的认识。国家有关部门应加强对麻醉药品的管理，提高医药管理人员的业务素质。另外，要强化宣传教育，让大家学习麻醉药品的相关知识，避免出现滥用现象。

二、镇静催眠药的滥用与危害

镇静催眠药又称镇静剂，是临床上广泛使用的一类精神药物，用于缓解和改善焦虑、紧张、失眠等症状。近年来，随着镇静催眠药的用量急剧增加，它的滥用也越来越普遍，其滥用问题的严重程度已超过阿片类。用药者一旦对镇静剂产生依赖，用药量会越来越大，服用间隔会越来越短，对用药者的工作、学习、生活都会产生较大的影响。

镇静催眠药的滥用会导致用药者的大脑皮层抑制和小脑功能的障碍，长期服用会出现记忆力下降、言语不清、眼球震颤等慢性中毒的症状，更严重的会出现休克、昏迷、血压下降、肾功能衰竭等急性中毒现象。镇静催眠药的滥用，会影响用药者的正常生活、学习以及工作，它就像是一枚不定时炸弹，会随时吞噬用药者的健康和生命。因此，请不要滥用镇静催眠药，它很可能会让你进入吸毒者的行列。

三、可卡因的滥用与危害

可卡因属于中枢神经兴奋剂，进入人的身体后会直接作用于中枢神经，并对传递神经信号的化学物质起作用，刺激神经细胞的时间大大延长，增强去甲肾上腺素的效应，使人产生幻象、过于自信。但是这种感觉会慢慢变成精神抑郁，吸食者就会想继续吸食可卡因维持兴奋状态。吸食者为了得到药物会不择手段，甚至走上违法犯罪的道路。

吸食可卡因者往往在解除疲劳、振奋精神后会出现中毒反应，中毒严重者会死亡。当服用可卡因剂量过多时，就会产生嗅幻觉与触幻觉，最典型的症状是吸食者会觉得非常痒以至于不能忍受，将自己抓伤甚至断肢自残。长期吸食者会营养不良，体重下降；突然中断药物，则会现出严重的戒断反应。孕妇食用可卡因易导致新生儿带有毒瘾，伴有畸形，甚至死亡。所以，我们一定要提高对可卡因的认识，禁止滥用，保护自身的身体健康。

第二编　坚决拒毒

第一章　青少年吸毒问题分析

一、我国青少年吸毒现状

近年来，我国毒品种类越来越多样化，社会中诱惑因素不断增多，吸毒人员低龄化趋势越来越明显，青少年吸毒问题逐渐成为严重的社会问题，潜在危害很大。

综观近些年的中国毒品形势报告，青少年吸毒状况备受关注。

截至 2015 年年底，在全国现有吸毒人员中，18 岁以下的约 4.3 万名，占 1.8%；18 岁到 35 岁的约 142.2 万名，占 60.6%；36 岁到 59 岁的约 87 万名，占 37.1%；60 岁以上的约 1.1 万名，占 0.5%。[1]

截至 2016 年年底，全国现有吸毒人员约 250.5 万名（不含戒断 3 年未发现复吸人数、死亡人数和离境人数），同比增长 6.8%。其中，不满 18 岁的约 2.2

〔1〕 数据来源于《2015 年中国毒品形势报告》。

万名，占 0.9%；18 岁到 35 岁的约 146.4 万名，占 58.4%；36 岁到 59 岁的约 100.3 万名，占 40%；60 岁以上的约 1.6 万名，占 0.7%。[1]

截至 2018 年年底，全国现有吸毒人员约 240.4 万名（不含戒断 3 年未发现复吸人数、死亡人数和离境人数），同比下降 5.8%。其中，35 岁以上的约 114.5 万名，占 47.6%；18 岁到 35 岁的约 125 万名，占 52%；18 岁以下的约 1 万名，占 0.4%。[2]

截至 2019 年年底，全国现有吸毒人员约 214.8 万名，同比下降 10.6%。其中，35 岁以上的约 109.5 万名，占 51%；18 岁到 35 岁的约 104.5 万名，占 48.7%；18 岁以下的 7151 名，占 0.3%。[3]

截至 2020 年年底，全国现有吸毒人员 180.1 万名，同比下降 16.1%，连续第 3 年减少；戒断 2 年未发现复吸人数 300 万名，同比上升 18.4%。全年共查处吸毒人员 42.7 万人次，下降 30.8%；其中，新发现吸毒人员 15.5 万名，下降 30.6%。[4]

截至 2021 年年底，全国现有吸毒人员 148.6 万

---

[1] 数据来源于《2016 年中国毒品形势报告》。
[2] 数据来源于《2018 年中国毒品形势报告》。
[3] 数据来源于《2019 年中国毒品形势报告》。
[4] 数据来源于《2020 年中国毒情形势报告》。

名，同比下降 17.5%；戒断 3 年未发现复吸人员 340.3 万名，同比上升 13.4%；新发现吸毒人员 12.1 万名，同比下降 21.7%。现有吸毒人数和新发现吸毒人数连续 5 年下降，毒品滥用治理成效持续显现。[1]

从上述数据可以看出，近年来，我国疫情防控严密时期因物流、人流等受阻，吸毒人员获取毒品的难度较大，查处吸毒人员数量大幅下降；再经过广泛开展禁毒宣传教育和推进吸毒人员"平安关爱"行动，国内毒品滥用规模日趋缩小，吸毒人员比例不断下降。自 2020 年起，毒情形势报告中未再将青少年吸毒情况单列出来，说明青少年涉毒情况得到了明显的改善。

对于当前我国青少年吸毒状况，仍应当继续保持高压态势，增强禁毒宣传教育的实效性。学校、家庭和社会应当将资源整合起来，构建一个健全的青少年禁毒体系，真正做到让青少年远离毒品。

二、青少年吸毒的特点

（一）青少年吸毒者吸食的毒品多为新型毒品

青少年吸毒人员中大部分是辍学的青少年以及

[1] 数据来源于《2021 年中国毒情形势报告》。

社会上的一些闲散人员。据统计,吸食新型毒品人员的年龄多为 29 岁以下。新型毒品相较于传统毒品而言,更容易在青少年群体中泛滥;因为新型毒品性状多为粉末或者片剂,易溶于水,常被不法分子掺混在不同类型的饮料和食品当中,诱骗青少年吸食。新型毒品这个“毒爪”已经伸向青少年。

(二)复吸率居高不下

很多青少年是出于好奇或者被他人诱骗开始吸毒,上瘾之后很多人希望戒毒,并尝试自己戒毒。但毒品不单纯会使人产生生理依赖,更会使人产生心理依赖。很多戒掉毒瘾的人往往戒不掉“心瘾”,从戒毒所出来之后仍然会不由自主地向吸毒群体靠近,进而复吸。

三、青少年吸毒的原因

我国不断加大禁毒和戒毒的力度,但是吸毒现象仍然屡禁不止,还是有很多人走上吸毒这条道路,甚至越陷越深。伸向青少年的“毒爪”也并没有就此罢休。那么,究竟是什么原因导致青少年吸毒呢?

(一)不良的外部环境诱发青少年吸毒

不良的外部环境是造成青少年过早接触毒品的

重要原因；青少年缺乏社会经验和完善的辨别能力及判断能力，很容易受到他人的引诱和误导。

1. 不良“朋友圈”吸引青少年接触毒品

人的社会属性决定了个人容易在群体中得到满足；青少年正处于喜欢交友的年龄，自然而然地渴望融入小圈子、小群体。朋友之间的认可在很大程度上满足了青少年的基本情感需求。所以，当朋友圈中有一部分人或者大部分人吸毒，为了与群体成员保持一致、不被孤立，不吸毒的人就很容易受到吸毒朋友的诱导，加入吸毒行列。一位少年回忆他第一次吸毒的经历时说道：“之前总是听老师说吸毒会让人家破人亡，但是当我的很多朋友说吸毒很刺激、很新潮，我心里对毒品的恐惧就逐渐淡漠，渴望与他们一样。”因此，慎重交友、远离不良的朋友圈也是对自己的一种保护。

2. 不良的家庭环境容易导致青少年吸毒

很多青少年吸毒者是在不和谐的家庭环境中走上吸毒之路的。缺少温暖、关爱的家庭，容易在青少年的心中留下阴影。有的孩子因为父母离异，或者父母忙于工作，没有享受过来自家庭的爱。当青少年觉得自己人格已经独立时，便尝试着寻求外界刺激，利用新鲜的事物摆脱心中的困苦。

若家庭中有成员吸毒,则更容易使青少年沾染毒品。曾有一个报道称:一对贩卖毒品的夫妇都吸食毒品。妻子在怀孕期间也没有停止吸毒。他们为了不中断毒品交易,甚至在妻子即将生产之际将毒品的交易地点选择在产房门外。可想而知,他们的孩子在未出生时就受到了毒品的侵害。良好的家庭环境对一个孩子的成长起着关键性的作用,家庭不良影响也是导致青少年吸毒的重要原因。

3. 经常出入娱乐场所增加了吸毒风险

当前,社会上一部分娱乐场所管理混乱,黄、赌、毒等不良行为及违法犯罪活动猖獗;青少年经常出入迪厅、酒吧等娱乐场所,大大增加了吸毒的风险。在青少年吸毒者中流行的一些新型毒品在这些场所内比较容易获得。很多青少年认为出入娱乐场所是一种时尚,容易被其中的"灯红酒绿"所吸引。青少年自我保护能力较弱、防范意识不强,在这些场所中思想很容易被麻痹,放松对陌生人的警惕,易陷入各种陷阱之中。

(二)青少年阶段特殊的心理状态

青少年时期是人格形成和发展的关键时期。这个阶段,青少年开始尝试独立思考问题,独立观察生活,自我意识的发展使其易产生强烈的逆反心理。

再加上青少年对社会纷繁事务的了解不够透彻，自控能力差，缺乏分辨是非的能力，往往易受不良环境的影响而误入歧途。

1. 好奇心较强

好奇心强是青少年阶段特有的心理。青少年对任何事物都存在强烈的好奇心和探索欲，很多人初次吸毒都是为了满足自己强烈的好奇心。毒品是我国严厉打击和禁用的物品，很多青少年却想亲自揭开毒品的神秘面纱。当别人将吸毒之后的感觉描述得天花乱坠时，青少年便会禁不住诱惑想去体验、去尝试，殊不知一旦尝试将会深陷其中、无法自拔。16岁的男孩小华说：“上高中之后，我接触了几个社会上的青年，经常看见他们发动态说‘吸烟’过后感觉很特别。一次打游戏时我便主动向朋友要了那种烟……”某些不法分子正是利用青少年的这种好奇心理，诱骗其吸毒，从而将其发展为长期购买毒品的客户。

2. 好讲“哥们儿义气”

相对于成年人来说，青少年的自控能力较差、缺乏主见、易盲目跟风，认为朋友就该“有福同享、有难同当”。青年人三五成群地聚集在一起，喜欢模仿电影里的江湖做派，一旦身边有朋友吸毒就易盲目跟从。于是,在“哥们儿义气”的促使下,一些青少年走上了吸毒的道路。

3. 攀比心理重,渴望吸引他人关注

一些青少年把吸毒当作时尚和潮流,认为吞云吐雾的行为很“帅气”,而且是“高档消费”和“富有”的象征。在吸毒者群体中甚至流行一句话:“看一个人是否有钱,不能看他是否开好车、住好房,要看他能否玩得起毒品。”在这种错误价值观的影响下,有些青少年误入歧途,最终因为攀比心理让自己走上不归路。

(三)青少年的人格尚未健全

青少年阶段既是人生的黄金时期,也是人生的“危险期”。这一时期他们在生理上和心理上都不成熟。青少年在这一时期需要有积极正面的引导;否则一旦受到很大的外界刺激,很容易误入歧途,试图通过寻求外界刺激来摆脱精神困扰。而毒品是一种可以在短暂时间内给人以强刺激的物品。因此,很多青少年通过吸毒寻求刺激和快感,以摆脱生活中的烦恼。殊不知,毒品贻害无穷。

1. 个人责任感缺失

有些青少年厌倦了学校枯燥的生活,过早地进入社会,却因为没有一技之长而无法获得稳定的工作和收入。他们往往眼高手低,不想付出劳动却想拥有轻松自在的生活,所以很难有稳定的工作来保障基本生活。没有固定的工作,缺乏来自社会、组织、单位的管理,此类青少年经常我行我素、以自我为中心,只顾自己的玩乐和享受,这种个人责任感的缺失容易产生自我放纵的心态。在这种心态的支配下,青少年极易受他人诱导而吸毒,却不知吸毒过后便是无尽的痛苦。

2. 抗打击能力差

有些青少年抗打击能力较差,遇到困难便一蹶不振,学习上的挫折、家庭中的不幸给他们带来了很大的伤害和苦恼。于是,他们试图用毒品麻痹自己,忘却烦恼。吸毒者大海是一名高一的学生,他一直成绩平平,但是学习态度良好。父母离婚后,他的父亲再婚,后妈带来一个弟弟,他觉得自己在家庭中的地位下降了。在学习上无法获得成就感,在生活中的苦恼也没有发泄途径的他在一次朋友聚会上开始接触毒品,渴望借毒消愁。因此,抗打击能力差也是引发青少年吸毒的主要原因之一。

总体来说,青少年吸毒的原因可归结为外部原因和内部原因:不良环境的影响属于外部原因,是客观的;青少年阶段的特殊心理状态和一些青少年的人格尚未健全属于内部原因，是主观的。这两方面原因都不能忽视。欲有效预防青少年吸毒，需要分别从外因和内因两方面入手，进行系统的分析，从而达到青少年拒绝毒品诱惑的良好效果。

四、青少年吸毒的惨痛教训

目前，传统毒品如海洛因等在一定范围内已经得到了有效遏制，而新型毒品开始“崛起”，在青少年吸毒的人群中泛滥。新型毒品被改装成奶茶、跳跳糖、巧克力、果汁等常见物品，频频出现在娱乐场所中。同时，新型毒品“不上瘾、不伤身”的谎言也广为流传，以致一些懵懂无知的青少年染上毒瘾，走向吸毒成瘾的深渊。殊不知，新型毒品的危害更大，更容易使人上瘾。青少年因为吸毒成瘾，最终导致学业荒废的例子不胜枚举。

小林从小成绩优异，上大学时到美国留学。本以为留学归国之后，小林的前途一片光明。然而，在美国时，小林出于好奇接触了“笑气”。小林回忆其吸食“笑气”的经历，称到现在都心有余悸。她说自己公寓附近的烟店就有卖“笑气”的，一箱“笑气”折合成人民币大概 1200 元。小林自从吸了一次“笑气”之后，就开始上瘾，有时候她一天购买“笑气”的支出就高达七八千元，一个月能达到十几万元。每次吸食"笑气"之后就睡着了，睡醒之后继续吸食，就这样恶性循环。几个月之后，小林明显觉得自己的身体和心理都受到了严重的影响，不仅吃不下饭，身上还长出了红色的小包，手也开始脱皮。之后，小林准备戒掉"笑气"。可是因无法忍受停止吸食的痛苦，还是"复吸"了。这次"复吸"后毒瘾比原来更大了，加量吸食后开始出现被人追杀的幻觉。而更可怕的是，小林的双腿就如同瘫痪了一样，无法站立。后来，小林的朋友来公寓找她，发现她已经到了大小便失禁的境地。好朋友将她送到医院，两天之后，小林的父母将她接回国。父母本来对出国留学的小林寄予了厚望，没想到最后小林不但没有完成学业，还染上了毒瘾。对此，小林感觉愧对父母，悔不当初。

小昌家住湖南某市，在他很小的时候父母就离婚了，他跟着爷爷奶奶生活。因为爷爷奶奶疏于管教，小昌初中时就辍学了，在外面结交了一帮"哥们儿"。一天，小昌的一个朋友过生日，他便和其他几个朋友一起到 KTV 庆祝。在大家玩得正开心时，小昌的一个朋友拿起一杯饮料，告诉小昌现在这种饮料非常流行，不仅喝起来口感好，而且喝完后的感觉也非常好。小昌并不知道这是毒品，就听从朋友的建议喝了一杯。几天后，小昌才知道自己喝的饮料里面居然有毒品，可此时自己已经开始上瘾。后来，由于过量吸食毒品，小昌产生了幻觉。有一天，小昌拿着一把大砍刀在街上乱砍，幸亏只是砍坏了一辆车，没有伤到人。有人报警后，小昌被带到公安局，经警方调查发现其有毒瘾。于是，小昌被送往戒毒所，开始戒毒。在进了戒毒所几个月后，小昌才得知养育自己长大的奶奶听说自己吸毒的事情后突发心脏病去世了。此时的他号啕大哭，觉得他不仅毁了自己，也伤了亲人的心。现在，小昌已经下定决心改过自新，准备迎接新的未来。

小陈是某中学初中一年级的学生。一天中午，小陈放学回家后坐在沙发上看电视。小陈的妈妈在厨房做饭。突然，小陈的妈妈听到“扑通”一声，跑到客厅一看，原来是小陈从沙发上掉了下去，而且手脚抽筋、口吐白沫，吓得小陈妈妈马上叫了救护车。送到医院之后，医生初步诊断：小陈是吸毒过量。经过几个小时的抢救，小陈最终还是离开了这个世界。后来，当地的公安机关来到医院，为小陈进行了尿检，证实他是吸食了一种新型毒品 K 粉。最终，医院诊断意见为：小陈是由于过量吸食毒品，导致呼吸系统衰竭而死亡。

从上述几个案例中我们可以得知,一旦沾染毒品,付出的代价将是惨痛的。在现实生活中,有太多的青少年由于沾染了毒品,最后不仅荒废了学业,也伤害了身体,甚至失去了生命。青少年正处于成长的重要阶段。在这个阶段稍有不慎沾染毒品,影响的就可能是一生。对于毒品,青少年要知道,新型毒品和传统毒品同样有危害,应该认识到新型毒品的危害性,懂得辨别毒品,远离毒品,树立禁毒意识。

第二章　青少年如何防范毒品诱惑

一、不对吸毒产生好奇心

青少年正处于人生的学习阶段,对很多新鲜事物都抱有强烈的好奇心,渴望去探索、去尝试。毒品作为明令禁止青少年接触的物品,反而引起了一些青少年强烈的好奇心。大部分青少年还处于懵懂阶段,对毒品了解得不够透彻,对毒品的危害知道得也不够详尽。有些青少年在听说他人吸食毒品后能产生“幻象”,在“好奇心”的驱使下跃跃欲试。而且多数第一次吸毒的人认为只吸食一次不会产生毒瘾,控制得住自己,从而铤而走险尝试毒品……结果就是一发不可收拾。

“好奇”是多数吸毒者初次吸毒的原因,因好奇心而染上毒瘾的青少年占青少年吸毒总人数的70%以上。切记,不要因为好奇而禁不住诱惑去尝试毒品,不要在毒品面前“逞强”!坚决不吸食第一口,毒品会拖人走进“无底深渊”。

二、不追求生理刺激

毒品猛于虎，是人类的大敌。在青少年时期，一些人会对人生感到迷茫，对前途的不确定性感到恐慌。他们渴望改变现状、接触新生事物、体验新的生活方式和生活内容，却不知道应该从何做起。此时，有些人就会对自己放纵，以求解决当下的困惑和迷茫，于是失足吸食了毒品。很多青少年吸毒的起因就是追求刺激。只要吸食一点儿毒品就会使人不知疲倦、不会饥饿，产生兴奋感、刺激感。慢慢地，吸毒者身体就会吃不消，日渐虚弱。

毒品带来的兴奋和刺激是暂时的，等待吸毒者的是无尽的痛苦。青少年是祖国的花朵，未来有很多的发展机会；学习压力、社会环境、生活困难等任何因素，都不能成为接触毒品的借口。要时刻告诫自己远离毒品、拒绝毒品，不追求生理的刺激，更不要让毒品成为前进的“绊脚石”，以免毁掉自己的未来。

三、提高警惕，不轻易上当受骗

在众多吸毒者中，受人引诱吸毒的数不胜数。主要原因是人们对毒品的种类以及危害缺乏足够的认识，尤其是涉世未深的青少年，很容易受到坏人的引诱和蒙蔽。有时候，一些居心叵测的人会给毒品穿上“特殊的外衣”，利用青少年的无知来欺骗他们，谎称这并不是毒品而是一种兴奋剂，不会让人上瘾。青少年一旦相信了这种谎言沾染上毒品，就会造成不可挽回的严重后果。

有些慢性病患者，长期受到疾病的严重困扰，听说吸食毒品可以缓解症状以及消除疼痛，便开始尝试毒品。虽然毒品在短时间内可以为患者减轻痛苦，但是患者吸毒成瘾后的痛苦要比病痛带来的痛苦大得多，甚至会丧命。

此外，很多人对那些送上门儿来的伪装毒品也缺乏应有的警惕，如在夜店等场合接受陌生人递来的香烟、饮料等，都有可能沾染上毒品。

总之，面对毒品，我们不能相信吸食一次不会上瘾的谎言，不能被各式各样的“兴奋剂”蒙蔽了双眼，更不能相信它的种种功效。请珍惜生命，远离毒品，拒绝毒品必须从第一口开始！

四、尽量不涉足公共娱乐场所，尤其是可能涉毒的场所

青少年的心智正处于发育阶段，还没有足够成熟，自制力也比较差，很容易受到不良因素的影响。

歌舞厅、夜店等娱乐场所是毒品传播的高危场所；青少年经常出入这些场所，可能会不自觉地受到影响。有些图谋不轨的人为了利益会通过“下药”“下套”等方式诱骗青少年沾染毒品，从而使青少年落入他们的“陷阱”。

青少年出入娱乐场所时要加强自身戒备意识，面对诱惑提高警惕，不轻信任何人说的话，不轻易与陌生人搭讪，不接受陌生人提供的烟酒，离开座位时要留人看管自己的物品。当然，青少年最好不要进入娱乐场所，这些场所是涉毒高发地，不进入这些场所就能在一定程度上远离吸毒人群。要知道，出入这些场所并不是一种时尚，不要盲目攀比，以免落入坏人的陷阱。

五、不与“瘾君子”交朋友

很多青少年自以为已经长大，什么都懂，盲目追求所谓的个性独立。往往三个一群、五个一伙儿地混在一起，讲哥们儿义气、姊妹情深，相互模仿、相互影响。小群体中的一个人吸毒就很容易带动群体一起吸毒。有些吸毒的青少年说，我是看见“好朋友”吸才吸的；还有的说是因为“好朋友”的推荐和赠送才吸的。青少年往往思想比较单纯，缺乏社会经验,辨别是非的能力也比较差。青少年好交朋友,喜欢成群结队的特质容易被不怀好意之徒利用。卷入毒品犯罪的青少年多具有群体性。

四川男子成成觉得读中专没有意思,便结交了一群"狐朋狗友",他们经常三五成群地混迹在一起。成成最终在"朋友"的带领下吸食了毒品,从此一发不可收拾。吸食毒品后,他不想吃饭、不想睡觉,花光了父母的积蓄。体重由吸毒前的 140 斤瘦到了 80 斤。在戒毒所里,他说毒瘾好戒心瘾却不好戒,他担心从戒毒所出去后摆脱不了原来的"朋友圈"。这个案例警示青少年:要远离"瘾君子",不要因为好奇、自信或其他理由沾染毒品,否则受伤的终归是自己和家人。

六、要有积极向上的生活态度,遇到困难不气馁

青少年阶段是人生的黄金期,也是人生的"危险期",人生观、价值观、世界观都会在这一时期形成。在这一阶段容易受到外界的影响,当产生不良情绪时很容易通过不健康的方式发泄,一旦受到不法分子的诱骗便很容易沾染毒品。

有一些青少年遇到困难时,觉得自己无法承受痛苦,选择用毒品麻醉自己,以摆脱生活带来的苦

恼。这带来的后果是惨痛的，吸毒一次便会痛苦一生。青少年要保持积极向上的生活态度，正视生活中的困难和挫折。古诗有云“长风破浪会有时，直挂云帆济沧海”，生活中的艰难终会过去，坚定信心、勇于面对才是对待困难的正确态度。因为一时的困难就通过吸毒的方式寻找刺激、纾解人生，这是对自己的极大不负责任。

七、提高自身综合素质，养成良好的生活习惯

每个人都渴望五彩斑斓的人生；而一旦染上毒瘾，生活就注定是悲剧了。青少年阶段是提升自己各方面技能、素养的黄金时期，每个人都应当正确地对待和把握这个阶段，不要荒废青春、浪费时间。很多人吸毒是精神空虚所致，对生活中很多事物都提不起兴趣，想通过外界事物来麻痹自己，这种想法是极其错误且极其危险的。青少年应该多看看生活中阳光的一面，要积极探索自己热爱的事物。大千世界，总会寻找到能让自己发光发热的领域。利用健康的娱乐文化消遣或宣泄负面情绪会让我们精神焕发，降低吸毒风险。

预防吸毒的措施有很多，但主要还是靠自身。洁身自好才能让不法分子无机可乘，从而远离毒品

带来的危害。青少年要从自己做起，自律自爱，远离毒品，珍惜生命，提高自己的文化科学水平，增强法制观念，树立正确的价值观和人生观，以避免悲剧的发生。

八、不“逞强”抱有冒险与侥幸心理，化解好逆反心理

俗话说，年轻就要敢闯。这话没错，但应用到试用毒品上就大错特错了。一些青少年对毒品有着“轻敌”的态度，他们觉得自己很“厉害”，即便吸一次也没事，并且觉得自己具有冒险精神，正在做一件很“自豪”的事。殊不知，一吸毒成千古恨！吸毒容易戒毒难！

此外，青少年正处于身心的发育期，不免容易出现一些逆反心理。在18周岁以下和18~25周岁两个年龄段的吸毒人员中进行调查，具有逆反心理的人员高达57.1%。[1] 逆反心理较容易转化为冒险心理，在对毒品“无知、无畏”的情况下，受人诱惑、欺骗，从而走上吸毒深渊。因此，在化解逆反心理方面，家长和青少年朋友们都应该谨慎对待。

---

〔1〕《面对毒品，8种心理要不得》，载《南阳日报》2020年6月3日，A3版。

九、机智地与毒品犯罪作斗争

毒品犯罪离我们并不遥远，有可能就在我们身边。生活中我们可能直接发现并面对毒品，在这种情况下不要盲目逞强，要学会机智地处理问题。如果有人引诱我们吸毒，要坚决拒绝并设法离开，不与坏人产生直接冲突以免受到伤害；如果遇到毒品犯罪，在保护自己的前提下留心记住犯罪嫌疑人的特征，并及时报警，最大限度协助警方抓获犯罪嫌疑人。

生命是短暂而且宝贵的，在任何情况下都要学会保护自己。青少年可能还没有能力直接与坏人作斗争，所以要学会利用自己的经验和智慧巧妙地与犯罪分子作斗争，切忌鲁莽行事！

十、辨认毒品外衣，实现远离毒品的目的

毒贩们为了使毒品销售出去，绞尽脑汁，将毒品包装成五花八门的商品。饮料、奶茶、饼干、糖果，都可能是毒品隐藏的形态或载体。这些隐形毒品在青少年群体中更容易流行，极易把青少年拉入深渊。那么，我们应该如何辨别此类毒品呢？

不得不说，这些毒品的伪装性极强，需要我们有

一双“慧眼”识别出它们是毒品，找出其与普通商品的不同。比如，它们不太可能出现在正规的超市、便利店，需通过网络销售以及线下悄悄出售等；容易出现在 KTV、酒吧、夜店等休闲娱乐场所等。青少年要洁身自好，不贪便宜，不随便接受陌生人给的食品、饮料等，不进入夜店、酒吧等娱乐场所，购买物品都去正规营业的超市、便利店等，就能极大地避免上当受骗。

第三编　戒毒有方

第一章　吸毒成瘾

检测后发现某人体内含有毒品成分，警方是否可以直接认定其吸毒成瘾？

小刘是一名大三的学生，学习成绩一直名列前茅。在一次好友聚会中，好友小李拿出了一包白色的粉末，并告诉大家这东西现在很流行，让大家跟上潮流试一试。小刘知道这是毒品，一开始他十分抵触，后来禁不住好友们的怂恿，出于好奇，他就吸食了一些。正当他们准备离开时，警察进来了，并将他们全部拘留。经血液检测，小刘体内含有毒品成分。那么，公安机关是否可直接认定小刘吸毒成瘾？

吸毒成瘾，是指吸毒人员因反复使用毒品而导致的慢性复发性脑病，表现为不顾不良后果、强迫性寻求及使用毒品的行为，同时伴有不同程度的个人健康及社会功能损害。

如何认定吸毒人员是否已经吸毒成瘾，《吸毒成瘾认定办法》第七条有明确规定，吸毒人员同时具备以下情形时，公安机关认定其吸毒成瘾：（1）经血液、尿液和唾液等人体生物样本检测证明其体内含有毒品成分；（2）有证据证明其有使用毒品行为；（3）有戒断症状或者有证据证明吸毒史，包括曾经因使用毒品被公安机关查处、曾经进行自愿戒毒、人体毛发样品检测出毒品成分等情形。戒断症状的具体情形，应参照《阿片类药物依赖诊断治疗指导原则》《苯丙胺类药物依赖诊断治疗指导原则》《氯胺酮依赖诊断治疗指导原则》的相关规定确定。由此可见，并不是所有的吸毒人员都会被认定为吸毒成瘾，只有同时具备上述三个条件才可以。小刘在好友小李的怂恿下，第一次吸毒，虽然符合吸毒成瘾的前两个条件，但并没有满足第三个条件，因此，公安机关不能认定小刘吸毒成瘾。

什么情形下可以认定吸毒成瘾严重？

小孙初中毕业后，就去云南打工了。后来结识了一批社会闲散人员，于是整日与这些人混在一起。久而久之，小孙不仅养成了一堆坏毛病，还吸毒成瘾。家人知道后，把小孙带回了老家，打算将其送到当地的戒毒所戒毒。就在送小孙去戒毒所的前一天，小孙毒瘾发作，用菜刀将其父亲砍成重伤。后来，在邻居们的帮助下，家人才把小孙控制住。第二天一早，家人就把小孙送到了当地戒毒所。那么，小孙是否可以被认定为吸毒成瘾严重？

吸毒者吸毒成瘾严重后，不仅会对自己的身体造成严重损害，还会给他人的身体、财产安全带来威胁。那么，如何认定吸毒成瘾严重？《吸毒成瘾认定办法》第八条对此有明确规定，吸毒成瘾人员具有下列情形之一的，公安机关认定其吸毒成瘾严重：(1)曾经被责令社区戒毒、强制隔离戒毒（含《禁毒法》实施以前被强制戒毒或者劳教戒毒）、社区康复或者参加过戒毒药物维持治疗，再次吸食、注射毒品的；(2)有证据证明其采取注射方式使用毒品或者至少三次使用累计涉及两类以上毒品的；(3)有证据证明其使用毒品后伴有聚众淫乱、自伤自残或者暴力侵犯他人人身、财产安全或者妨害公共安全等行为的。由此可知，吸毒者成瘾后具备上述三种情形之一的，公安机关就可以认定其已经吸毒成瘾严重。小孙已经吸毒成瘾，后在毒瘾发作时，将其父亲砍成重伤，已经符合吸毒成瘾严重的第三种情形，因此，公安机关可以认定小孙已经吸毒成瘾严重。

戒毒是吸毒成瘾人员的法定义务吗?

小杨初中毕业后,就跟随表哥小宋到南方打工了。几年之后,小杨认识了在夜店工作的女友小丽。在小丽的怂恿下,小杨开始吸食毒品。小宋得知后,主动找到小杨,劝他把毒品戒掉。在表哥小宋的多次劝诫下,小杨将毒品戒掉了。但后来,小杨复吸了,并且毒瘾越来越大。小宋再次找到小杨,劝他把毒瘾戒掉,称这是其应履行的法定义务。而小杨却认为,戒不戒毒是自己的事情,怎么会是法定义务呢?那么,戒毒是吸毒成瘾人员的法定义务吗?

答案是肯定的,戒毒是吸毒成瘾人员应该履行的一项法定义务。《禁毒法》第三十一条明确规定:"国家采取各种措施帮助吸毒人员戒除毒瘾,教育和挽救吸毒人员。吸毒成瘾人员应当进行戒毒治疗。吸毒成瘾的认定办法,由国务院卫生行政部门、药品监督管理部门、公安部门规定。"据此可知,我国法律明确规定,进行戒毒治疗是吸毒成瘾人员应履行的法定义务。也就是说,对吸毒成瘾人员而言,戒毒已经不再是个人的事情,而是一件上升到法律高度的事情,是必须履行的法定义务。因此,小杨应当积极配合戒毒治疗;这不仅是他个人的事情,更是其应当履行的法定义务。

公安机关是否应对吸毒人员进行登记?

小赵是一名在校高中生,家境殷实。小赵的父母定期给他零花钱,很少过问他的其他事情。一次偶然的机会,小赵结识了“瘾君子”小松。后在KTV唱歌时,小赵在小松的怂恿下第一次吸食了毒品,恰巧被巡查的民警发现。当民警对小赵进行登记时,却遭到小赵父母的强烈反对。他们称,小赵吸毒是出于好奇,以后他们会对其严加管教,绝不让他再接触毒品,请求民警不要对其进行登记了。那么,民警是否应当对小赵进行登记?

吸毒人员即使没有形成毒瘾,但因其已接触并吸食了毒品,再次吸毒的可能性大,且进行毒品犯罪的概率也比其他人要高;所以,对吸毒人员进行登记是十分必要的。为此,《禁毒法》第三十二条第二款明确规定,公安机关应当对吸毒人员进行登记。由此可知,对吸毒人员进行登记,是公安机关应当履行的法定程序。虽然小赵是第一次吸毒,但仍属于吸毒人员。当民警发现其吸毒后,应当按照法定程序,对其进行登记。

第二章　自愿戒毒

吸毒成瘾人员能否自行前往戒毒医疗机构戒除毒瘾?

小娜本是一个青春靓丽、有光明未来的花季少女,但毒品将其拉入了不见天日的“深渊”。小娜在好友小斌的怂恿下吸食毒品并成瘾。吸毒成瘾的小娜整日神情恍惚,身体素质越来越差。小娜的家人得知后,十分担心,将其接回家,并对其进行了耐心的劝导。后来,小娜决定戒掉毒瘾,打算自行到戒毒医疗机构接受戒毒治疗。那么,吸毒成瘾人员能否自行前往戒毒医疗机构戒除毒瘾?

《戒毒条例》第九条明确规定:“国家鼓励吸毒成瘾人员自行戒除毒瘾。吸毒人员可以自行到戒毒医疗机构接受戒毒治疗。对自愿接受戒毒治疗的吸毒人员,公安机关对其原吸毒行为不予处罚。”由此我们可以得知,吸毒成瘾人员是可以自行前往戒毒医疗机构戒毒的,国家也非常鼓励这一做法。上述案例中的小娜在决定戒除毒瘾后,可以自行到戒毒医疗机构接受戒除毒瘾的治疗。

自愿戒毒协议中应包含哪些内容?

在朋友的唆使下,小韩开始吸食毒品。吸毒成瘾后的小韩,变得脾气暴躁,神情恍惚,身体也日渐消瘦。一个偶然的机会,小韩认识了小芳。小芳是一名残疾人,但她对生活充满了希望,脸上总是带着阳光般的笑容。小韩被身残志坚的小芳深深吸引,觉得自己不能再被毒品牵制,要重新开始生活。为此,小韩打算自行戒除毒瘾,便来到戒毒医疗机构,机构要求小韩签订一份自愿戒毒协议。那么,自愿戒毒协议中应包含哪些内容?

《戒毒条例》第十条明确规定:"戒毒医疗机构应当与自愿戒毒人员或者其监护人签订自愿戒毒协议,就戒毒方法、戒毒期限、戒毒的个人信息保密、戒毒人员应当遵守的规章制度、终止戒毒治疗的情形等作出约定,并应当载明戒毒疗效、戒毒治疗风险。"据此可知,戒毒医疗机构与自愿戒毒人员或者其监护人签订的自愿戒毒协议中应包括戒毒方法、戒毒期限、戒毒的个人信息保密以及终止戒毒治疗的情形等内容,并要载明戒毒疗效以及戒毒治疗风险。

有关机构是否应对戒毒人员戒毒的个人信息予以保密？

小周不幸染上了毒瘾。后来，小周结识了一位名叫小翠的女孩子，并暗生情愫。但小周担心小翠知道自己吸毒后会拒绝与自己交往，于是他决定去戒毒医疗机构将毒瘾戒掉，然后正式追求小翠。但小周又担心戒毒医疗机构会将自己戒毒的个人信息泄露给他人，所以一直犹豫不决。那么，有关机构是否应对戒毒人员戒毒的个人信息予以保密？

《戒毒条例》第七条第二款明确规定："对戒毒人员戒毒的个人信息应当依法予以保密。对戒断3年未复吸的人员，不再实行动态管控。"由此可见，有关机构对戒毒人员戒毒的个人信息应当予以保密。因此，小周不必担心自己戒毒的个人信息会被泄露；一旦小周戒毒的个人信息被泄露，戒毒医疗机构需承担相应的法律责任。

对泄露戒毒人员个人信息的工作人员，应追究怎样的法律责任？

吸毒成瘾的小林和几个朋友在酒吧包房内吸毒时被巡查的警察发现，并被带回了公安局。因小林涉毒情节轻微，在进行个人信息登记后便让其家人将其带回。后来，在家人的劝导下，小林自行戒毒，并取得了成功。一年之后，小林在浏览一个网页时，发现他的个人信息居然全在上面。小林立刻报了警，经查是当时登记小林个人信息的派出所工作人员将信息泄露出去的。那么，对泄露戒毒人员个人信息的工作人员，应追究怎样的法律责任？

《戒毒条例》第四十三条明确规定："公安、司法行政、卫生行政等有关部门工作人员泄露戒毒人员个人信息的，依法给予处分；构成犯罪的，依法追究刑事责任。"因此，对泄露小林个人信息的派出所工作人员，如果其构成犯罪，会依法追究其刑事责任；如果不构成犯罪，也会依法给予其相应的处分。

第三章　社区戒毒

公安机关是否可以责令吸毒成瘾的人员接受社区戒毒？

小冯高中毕业后就参加了工作。由于工作环境竞争激烈，小冯觉得压力特别大。为了排解压力，小冯开始吸食毒品并成瘾。吸毒成瘾的小冯为了获取毒资，把家里值钱的东西都卖光后就盘算起靠小偷小摸弄点钱。没成想，他刚下手就被人抓了个正着，并被送到了当地的派出所。民警经调查发现，小冯是一名吸毒成瘾的"瘾君子"。于是，当地的公安机关责令小冯接受社区戒毒。那么，公安机关是否可以责令吸毒成瘾的人员接受社区戒毒？

《戒毒条例》第十三条规定："对吸毒成瘾人员，县级、设区的市级人民政府公安机关可以责令其接受社区戒毒，并出具责令社区戒毒决定书，送达本人及其家属，通知本人户籍所在地或者现居住地乡（镇）人民政府、城市街道办事处。"由此可见，对吸毒成瘾的人员，公安机关可以责令其接受社区戒毒。

此外，《戒毒条例》第十四条还规定："社区戒毒人员应当自收到责令社区戒毒决定书之日起 15 日内到社区戒毒执行地乡(镇)人民政府、城市街道办事处报到，无正当理由逾期不报到的，视为拒绝接受社区戒毒。社区戒毒的期限为 3 年，自报到之日起计算。"

因此，当地的公安机关可以责令吸毒成瘾的小冯接受社区戒毒。小冯在收到责令社区戒毒决定书之日起 15 日内需到社区戒毒执行地街道办事处报到；无正当理由逾期不报到，将被视为拒绝接受社区戒毒。此外，小冯的社区戒毒期限为 3 年，自其报到之日起计算。

吸毒成瘾的人拒不进行社区戒毒，会有什么后果？

赵某是一个"瘾君子"，在一次吸毒时被公安机关抓获。公安机关依法对赵某进行了毒品检测，认定赵某吸毒成瘾。公安机关随即责令赵某接受社区戒毒，但是赵某表示拒绝戒毒。那么，吸毒成瘾的人拒不进行社区戒毒，会有什么后果呢？

对吸毒成瘾人员，公安机关可以责令其接受社区戒毒；如果其拒绝接受社区戒毒，根据《禁毒法》第三十八条[1]的规定,县级以上人民政府公安机关可以作出强制隔离戒毒的决定。所以,如果赵某吸毒成瘾且拒绝进行社区戒毒,公安机关可以对其作出强制隔离戒毒的决定。赵某将在强制隔离戒毒所进行强制戒毒。

社区戒毒人员应当遵守哪些规定?

小严跟随表哥打工期间不幸染上了毒瘾。小严吸毒成瘾后,变得越来越瘦,工作也愈发力不从心了,不久便回到了老家。小严的父母看到日渐消瘦的小严心疼不已,悉心照料着他。某日,毒瘾发作的小严用刀将其父亲砍成轻伤,随后,被当地公安机关带走。公安机关责令小严接受社区戒毒,并向其及其家人送达了责令社区戒毒决定书。接到责令社区戒毒决定书后,小严想知道自己在社区戒毒期间应

---

〔1〕《禁毒法》第三十八条 吸毒成瘾人员有下列情形之一的,由县级以上人民政府公安机关作出强制隔离戒毒的决定:

(一)拒绝接受社区戒毒的;

(二)在社区戒毒期间吸食、注射毒品的;

(三)严重违反社区戒毒协议的;

(四)经社区戒毒、强制隔离戒毒后再次吸食、注射毒品的。

对于吸毒成瘾严重,通过社区戒毒难以戒除毒瘾的人员,公安机关可以直接作出强制隔离戒毒的决定。

吸毒成瘾人员自愿接受强制隔离戒毒的,经公安机关同意,可以进入强制隔离戒毒场所戒毒。

遵守哪些规定。那么,社区戒毒人员应当遵守哪些规定?

《戒毒条例》第十九条明确规定:"社区戒毒人员应当遵守下列规定:(一)履行社区戒毒协议;(二)根据公安机关的要求,定期接受检测;(三)离开社区戒毒执行地所在县(市、区)3 日以上的,须书面报告。"因此,小严在接受社区戒毒期间,需要严格遵守上述规定,积极配合公安机关的工作,履行戒毒协议,定期接受检测;如果需要离开社区戒毒执行地所在的县(市、区)3 日以上,还应书面报告。

在社区戒毒期间,社区戒毒人员拒绝接受检测 3 次以上的,应属何种行为?

小辉因吸毒成瘾被当地公安机关责令接受社区戒毒。在社区戒毒刚开始的时候,小辉非常配合,严格遵守社区戒毒协议,并积极配合公安机关的检测。但 1 年之后,小辉经常做出一些违反社区戒毒协议内容的事情。最近一段时间,小辉还总是无正当理由拒绝公安机关安排的定期检测,并且次数已经超过 3 次。那么,在社区戒毒期间,社区戒毒人员拒绝接受检测 3 次以上的,属于何种行为?

《戒毒条例》第二十条明确规定:"社区戒毒人员

在社区戒毒期间,逃避或者拒绝接受检测 3 次以上,擅自离开社区戒毒执行地所在县(市、区)3 次以上或者累计超过 30 日的,属于《中华人民共和国禁毒法》规定的'严重违反社区戒毒协议'。"在上述案例中,小辉在社区戒毒期间,多次拒绝按照公安机关的要求接受定期检测,按照法律规定,其行为已属于《禁毒法》中规定的"严重违反社区戒毒协议"的行为。

变更社区戒毒执行地后,应如何计算戒毒时间?社区戒毒协议是否需重新签订?

在湖北打工的小苏因吸毒被当地公安机关责令接受社区戒毒。小苏在湖北接受社区戒毒期间,其家人一直担心小苏在他乡戒毒得不到很好的照顾;认为小苏回到老家,家里人能更好地照顾他,让他感受到家的温暖以便尽快将毒瘾戒掉。但是,小苏的家人对一系列相关问题存在疑虑,比如,小苏回老家后,他的戒毒时间怎么计算?社区戒毒协议是否还需重新签订?若重签社区戒毒协议,戒毒时间是否会变长?那么,变更社区戒毒执行地后,应如何计算戒毒时间?社区戒毒协议是否需要重新签订?

《戒毒条例》第二十二条第二款、第三款明确规定:“社区戒毒人员应当自社区戒毒执行地变更之日起15日内前往变更后的乡(镇)人民政府、城市街道办事处报到,社区戒毒时间自报到之日起连续计算。变更后的乡(镇)人民政府、城市街道办事处,应当按照本条例第十六条的规定,与社区戒毒人员签订新的社区戒毒协议,继续执行社区戒毒。”此外,社区戒毒人员的户籍所在地或者现居住地发生变化,需要变更社区戒毒执行地的,社区戒毒执行地乡(镇)人民政府、城市街道办事处应当将有关材料转送至变更后的乡(镇)人民政府、城市街道办事处。由此可见,变更社区戒毒执行地之后,戒毒人员的戒毒时间自其前往变更后的乡(镇)人民政府、城市街道办事处报到之日起连续计算,戒毒时间不会因此延长。而社区戒毒协议,因变更社区戒毒执行地,需要重新签订。所以,小苏跟随家人回到老家后,需要与老家的街道办事处重新签订社区戒毒协议,而他的戒毒时间自其到街道办事处报到之日起连续计算。

社区戒毒人员被依法收监执行刑罚后,社区戒毒是否终止?

小勇因吸毒被当地公安机关责令接受社区戒

毒。在接受社区戒毒期间，小勇多次违反社区戒毒协议，还经常偷盗他人物品。一次，小勇偷偷潜入一户搞收藏的人家，盗窃了大量古董，价值人民币 50 万元。不久，潜逃的小勇就被警方抓获，后法院以盗窃罪判处其有期徒刑 4 年。而此时，小勇仍在社区戒毒期间。那么，社区戒毒人员被依法收监执行刑罚后，社区戒毒是否终止？

《戒毒条例》第二十四条明确规定："社区戒毒人员被依法收监执行刑罚、采取强制性教育措施的，社区戒毒终止。社区戒毒人员被依法拘留、逮捕的，社区戒毒中止，由羁押场所给予必要的戒毒治疗，释放后继续接受社区戒毒。"由此可见，社区戒毒人员一旦被依法收监执行刑罚或被采取强制性教育措施，社区戒毒就会终止，不再继续。因此，在社区戒毒期间，小勇因盗窃罪被依法收监执行刑罚，按照法律规定，其社区戒毒应当终止，不再继续。事实上，由于小勇的刑期长达 4 年，其在执行刑罚期间根本就接触不到毒品，其毒瘾也会被强制戒掉。

第四章　社区康复

对解除强制隔离戒毒的人员，公安机关可以责令其接受多长时间的社区康复？

小峰因吸毒被当地公安机关责令接受社区戒毒。在社区戒毒期间，小峰突然毒瘾发作。为了能够缓解毒瘾发作的痛苦，他偷偷找到曾经卖给他毒品的朋友，又购买了一些毒品吸食。公安机关随即对其作出了强制隔离戒毒的决定。经过 2 年的强制隔离戒毒，小峰已戒掉了毒瘾。公安机关按规定解除了对他的强制隔离戒毒，但仍责令他接受一段时间的社区康复。小峰却觉得自己已经成功戒毒，无须再进行社区康复。那么，对解除强制隔离戒毒的人员，公安机关可以责令其接受多长时间的社区康复？

《戒毒条例》第三十七条明确规定："对解除强制隔离戒毒的人员，强制隔离戒毒的决定机关可以责令其接受不超过 3 年的社区康复。社区康复在当事人户籍所在地或者现居住地乡（镇）人民政府、城市街道办事处执行，经当事人同意，也可以在戒毒康复场所中执行。”由此可知，对解除强制隔离戒毒的人员，公安机关可以责令其接受不超过3年的社区康复。社区康复的执行地可以是其现居住地或其户籍所在地的乡（镇）人民政府、城市街道办事处，也可以是戒毒康复场所。所以在上面的案例中，公安机关在解除对小峰的强制隔离戒毒后，可以责令其接受不超过3年的社区康复，社区康复执行地可根据实际情况而定。

被责令接受社区康复的人员，应在多长时间内签订社区康复协议？

某日，毒瘾发作的小黄将妻子殴打致伤，妻子无奈报警。在讯问过程中，公安机关得知小黄吸毒成瘾，遂责令其接受社区戒毒，却遭到小黄的强烈拒绝；随后公安机关决定对其强制隔离戒毒。在强制隔离戒毒期间，小黄表现突出，被提前解除强制隔离戒毒。但为了安全起见，公安机关又责令其接受社区康复。然而，小黄却不知道应在多长时间内签订社区康复协议。那么，被责令接受社区康复的人员，应在多长时间内签订社区康复协议？

《戒毒条例》第三十八条第一款明确规定："被责令接受社区康复的人员，应当自收到责令社区康复决定书之日起15日内到户籍所在地或者现居住地乡（镇）人民政府、城市街道办事处报到，签订社区康复协议。"所以，小黄在被责令接受社区康复时，应当自收到责令社区康复决定书之日起15日内到户籍所在地或现居住地乡（镇）人民政府、城市街道办事处报到，并签订社区康复协议。

拒绝接受社区康复并再次吸毒的人员，应承担怎样的法律后果？

小王因吸毒被公安机关责令接受社区戒毒。社区戒毒期间，小王在朋友的教唆下再次吸食了毒品，并被公安机关发现。随即，公安机关作出责令小王进行强制隔离戒毒的决定。此时，小王才意识到自己行为的危害，并开始积极戒毒，后因表现突出，多次受到嘉奖。于是，公安机关决定提前解除其强制隔离戒毒，责令其接受社区康复。但小王在解除强制隔离戒毒后拒绝接受社区康复。不久，小王在朋友的诱惑下再次吸食毒品。此时，他将承担怎样的后果？

《戒毒条例》第三十八条第二款明确规定："被

责令接受社区康复的人员拒绝接受社区康复或者严重违反社区康复协议,并再次吸食、注射毒品被决定强制隔离戒毒的,强制隔离戒毒不得提前解除。”由此可见,对于拒绝接受社区康复且再次吸食毒品的人员,面临的后果就是被强制隔离戒毒并不得提前解除。具体到上述案例,小王拒绝接受社区康复,且在朋友的诱惑下再次吸食毒品,他将会被强制隔离戒毒,且不会再被提前解除强制隔离戒毒。

自愿戒毒人员能否自愿与戒毒康复场所签订协议,并到该场所内生活?

小高是一名“富二代”,总是喜欢玩“刺激”的东西。在一次聚会上,小高开始接触并注射毒品,后逐渐成瘾。后来,高父因欠巨额债务跳楼自杀,高母一病不起。经历家庭巨大变故的小高,决定戒掉毒瘾,扛起家中的重担。为了能够尽快将毒瘾戒掉,小高打算去戒毒康复场所,但他不知道是否能与戒毒康复场所签订协议,并到场所内生活。那么,自愿戒毒人员能否自愿与戒毒康复场所签订协议,并到场所内生活?

《戒毒条例》第四十一条明确规定:“自愿戒毒人

员、社区戒毒、社区康复的人员可以自愿与戒毒康复场所签订协议,到戒毒康复场所戒毒康复、生活和劳动。戒毒康复场所应当配备必要的管理人员和医务人员,为戒毒人员提供戒毒康复、职业技能培训和生产劳动条件。"由此可知,自愿戒毒人员可以自愿与戒毒康复场所签订协议,并到戒毒康复场所内生活。因此,自愿戒毒的小高可以与当地的戒毒康复场所签订协议,并到戒毒康复场所内生活,以便更好地戒掉毒瘾。

戒毒康复人员的劳动是否应获得相应的报酬?

一年夏天,小宋在表哥小鹏的蛊惑下,开始接触毒品并很快吸食成瘾。小宋的父母得知后,劝小宋接受戒毒治疗。在父母的劝说下,小宋主动到当地的戒毒康复场所接受戒毒治疗。在戒毒康复场所里,小宋在工作人员的组织下开始参加生产劳动。参加劳动的小宋一直有个疑问,不知道自己的劳动是否会得到相应的报酬。那么,戒毒康复人员的劳动是否应获得相应的报酬?

《戒毒条例》第四十二条第二款明确规定:"戒毒康复场所组织戒毒人员参加生产劳动,应当参照国家劳动用工制度的规定支付劳动报酬。"由此可见,戒毒康复人员付出了劳动,创造了社会价值,其劳动会得到相应的报酬。所以,小宋在戒毒康复场所内参加的生产劳动,会得到相应的报酬。

第五章　强制隔离戒毒

一、适用对象

强制隔离戒毒适用于哪些人员？

小陈有过 2 年的吸毒史。当时，全家人因为小陈吸毒陷入了困境。小陈吸毒的事情被发现后，公安机关责令他接受社区戒毒。3 年后，小陈在社区成功戒毒，家里人都期待着小陈改过自新、好好生活。这个家也终于重新燃起了希望。但是非常不幸，小陈还是没有抵制住毒品的诱惑，再次染上了毒瘾。一次，小陈半夜在 KTV 里吸毒时再次被公安机关抓获。那么，对于小陈这种情况，公安机关能否对他作出强制隔离戒毒的决定？强制隔离戒毒适用于哪些人员？

根据《禁毒法》第三十八条的规定，吸毒成瘾人员有下列情形之一的，由县级以上人民政府公安机关作出强制隔离戒毒的决定：(1)拒绝接受社区戒毒的；(2)在社区戒毒期间吸食、注射毒品的；(3)严重违反社区戒毒协议的；(4)经社区戒毒、强制隔离戒毒后再次吸食、注射毒品的。对于吸毒成瘾严重，通过社区戒毒难以戒除毒瘾的人员，公安机关可以直接作出强制隔离戒毒的决定。吸毒成瘾人员自愿接受强制隔离戒毒的，经公安机关同意，可以进入强制隔离戒毒场所戒毒。小陈就属于经社区戒毒后再次吸毒的情况，因此，公安机关可以对他作出强制隔离戒毒的决定。

对强制隔离戒毒决定不服的人员，可以通过什么途径进行救济？

小王染上了毒瘾，后被公安机关发现。公安机关认为小王吸毒成瘾严重，通过社区戒毒难以戒除毒瘾，对小王直接作出了强制隔离戒毒的决定。但是小王认为自己并没有达到吸毒成瘾严重的程度，在社区戒毒就足以戒除毒瘾，故对公安机关作出的强制隔离戒毒的决定不服。那么，对于这种情况，小王可以通过什么途径进行救济？

根据《禁毒法》第四十条的规定，公安机关对吸毒成瘾人员决定予以强制隔离戒毒的，应当制作强制隔离戒毒决定书，在执行强制隔离戒毒前送达被决定人，并在送达后 24 小时以内通知被决定人的家属、所在单位和户籍所在地公安派出所；被决定人不讲真实姓名、住址，身份不明的，公安机关应当自查清其身份后通知。被决定人对公安机关作出的强制隔离戒毒决定不服的，可以依法申请行政复议或者提起行政诉讼。由此可见，案例中的小王对强制隔离戒毒决定不服，可以通过行政复议或行政诉讼来依法维权。

怀孕的妇女适用强制隔离戒毒吗？

公安机关在一家宾馆里抓获了一名吸毒成瘾的妇女敏敏。经调查，敏敏之前就因吸毒接受了社区戒毒，如今再次染上毒瘾。鉴于敏敏吸毒成瘾严重，公安机关拟对她作出强制隔离戒毒的决定。但是，公安机关发现敏敏已经怀有3个月的身孕，那么此时，公安机关还能否对敏敏适用强制隔离戒毒？

《禁毒法》第三十九条第一款规定："怀孕或者正在哺乳自己不满一周岁婴儿的妇女吸毒成瘾的，不适用强制隔离戒毒。不满十六周岁的未成年人吸毒成瘾的，可以不适用强制隔离戒毒。"因此，我们可以得知，怀孕的妇女吸毒成瘾的，不适用强制隔离戒毒。对于本案中的敏敏，由于她已经怀有3个月的身孕，自然也不适用强制隔离戒毒。

对不适用强制隔离戒毒的人员，应如何处理？

小李的父亲吸毒成瘾；受其影响，小李 14 岁就沾染上了毒品。一天，吸毒成瘾的小李父子俩在家中吸毒时因邻居举报，被公安机关抓获。公安机关把小李的父亲送去了强制隔离戒毒所。而小李年龄尚小，不适用强制隔离戒毒，那么此时，公安机关应对小李作出怎样的处理呢？

根据我国《禁毒法》第三十九条第二款的规定，不适用强制隔离戒毒的吸毒成瘾人员，依照《禁毒法》的规定进行社区戒毒，由负责社区戒毒工作的城市街道办事处、乡镇人民政府加强帮助、教育和监督，督促落实社区戒毒措施。本案中的小李不适用强制隔离戒毒，但为了帮助其戒除毒瘾，公安机关应把小李送去社区戒毒。

给女性戒毒人员进行身体检查，是由女性工作人员进行吗？

小依 18 岁就已经吸毒成瘾，不仅早早地荒废了学业，也拖垮了身体。现在，她特别悔恨，一心想要戒掉毒瘾、重新做人。在了解过各种戒毒方法后，她有意愿去强制隔离戒毒所戒毒。但是她经了解得知去戒毒所要接受工作人员的身体检查，一向保守的她害怕会遇到男性工作人员检查身体，想到这里她就退缩了。那么，工作人员到底是怎样对戒毒人员进行身体检查的呢？

《戒毒条例》第二十八条明确规定："强制隔离戒毒场所对强制隔离戒毒人员的身体和携带物品进行检查时发现的毒品等违禁品，应当依法处理；对生活必需品以外的其他物品，由强制隔离戒毒场所代为保管。女性强制隔离戒毒人员的身体检查，应当由女性工作人员进行。"由此我们可以知道，女性戒毒人员的身体检查是不会由男性工作人员进行的，小依完全不用担心这一点。

二、对戒毒人员的管理

强制隔离戒毒所是怎样对戒毒人员进行管理的？

小刘上学时学习成绩优异，但是不小心沾上了毒品，学习成绩急速下滑，身体也越来越弱。染上毒瘾后，小刘非常无奈也很恐慌，他下定决心要戒毒。小刘想主动去强制隔离戒毒所戒毒，但是他的父母担心去强制隔离戒毒所戒毒的人大多是公安机关强制送去的，里面那么多吸毒人员，可能会混杂着很多患传染病的人或者其他危险人员。那么，强制隔离戒毒所是怎样对戒毒人员进行管理的？它的管理机制能不能打消小刘父母的顾虑？

根据《禁毒法》第四十四条的规定，强制隔离戒毒场所应当根据戒毒人员的性别、年龄、患病等情况，对戒毒人员实行分别管理。强制隔离戒毒场所对有严重残疾或者疾病的戒毒人员，应当给予必要的看护和治疗；对患有传染病的戒毒人员，应当依法采取必要的隔离、治疗措施；对可能发生自伤、自残等情形的戒毒人员，可以采取相应的保护性约束措施。强制隔离戒毒场所管理人员不得体罚、虐待或者侮辱戒毒人员。由此可见，强制隔离戒毒所对戒毒人员实行分别管理，小刘的父母可以不用担心小刘在戒毒所里会传染疾病或者接触危险人员。

强制戒毒人员可以给家里打电话吗？

小蓝家里的经济状况不是很好，她的父亲为维持生计整天奔波劳碌，母亲身体非常不好。更不幸的是，小蓝年纪轻轻就吸毒成瘾。如今小蓝被公安机关送到了强制隔离戒毒所。经过工作人员的说服教育，她醒悟过来了。小蓝觉得自己非常对不起父母，但现在也不能陪在父母身边照顾他们。因此，她在戒毒所里十分担心父母，经常想打电话回家，问问家里的情况。那么，小蓝是否可以申请与父母通电话？

《司法行政机关强制隔离戒毒工作规定》第二十一条规定："经强制隔离戒毒所批准，戒毒人员可以使用指定的固定电话与其亲属、监护人或者所在单位、就读学校有关人员通话。戒毒人员在所内不得持有、使用移动通讯设备。"由此可见，法律虽然明确规定戒毒人员在戒毒所内不得持有、使用移动通讯设备，但是经批准，他们可以使用指定的固定电话与亲属通话。所以，小蓝在戒毒所接受强制戒毒，虽然不得使用移动通讯设备，但她依然可以向工作人员申请使用指定的固定电话与父母通话。

戒毒人员的亲属可以探访戒毒人员吗？

17 岁的小轩被送去了戒毒所接受强制隔离戒毒。小轩的父母担心小轩在戒毒所里意志不够坚定，坚持不下来，所以想经常去探望一下小轩，鼓励他努力坚持戒毒，也多了解一点他在戒毒所里的情况。那么，小轩的父母可以去戒毒所探访小轩吗？

根据《司法行政机关强制隔离戒毒工作规定》第二十二条的规定，戒毒人员的亲属和所在单位或者就读学校的工作人员,可以按照强制隔离戒毒所探访规定探访戒毒人员。强制隔离戒毒所应当检查探访人员身份证件,对身份不明或者无法核实的不允许探访。对正被采取保护性约束措施或者正处于单独管理期间的戒毒人员,不予安排探访。

根据《司法行政机关强制隔离戒毒工作规定》第二十三条的规定,探访应当在探访室进行。探访人员应当遵守探访规定;探访人员违反规定经劝阻无效的,可以终止其探访。探访人员交给戒毒人员物品须经批准,并由人民警察当面检查;交给戒毒人员现金的,应当存入戒毒人员所内个人账户;发现探访人员利用探访传递毒品的,应当移交公安机关依法处理;发现探访人员利用探访传递其他违禁品的,应当依照有关规定处理。

按照上述法律的规定,只要小轩不属于正被采取保护性约束措施或者正处于单独管理期间的戒毒人员,其父母履行相关程序、遵守相关规定,就可以申请去探访小轩。

戒毒人员可以申请外出探视家属吗?

前不久,小力的母亲到戒毒所探望正在接受强制隔离戒毒的小力,小力从母亲口中得知爷爷已经病危。由于爷爷一直对小力照顾有加，小力与爷爷感情十分深厚。小力在强制隔离戒毒期间不允许外出，但他还是很想出去见爷爷一面。那么小力能不能向工作人员申请外出探视病危的爷爷呢？

我国《司法行政机关强制隔离戒毒工作规定》第二十四条规定："戒毒人员因配偶、直系亲属病危、死亡或者家庭有其他重大变故，可以申请外出探视。申请外出探视须有医疗单位、戒毒人员户籍所在地或者现居住地公安派出所、原单位或者街道（乡、镇）的证明材料。除前款规定外，强制隔离戒毒所可以批准戒治效果好的戒毒人员外出探视其配偶、直系亲属。"第二十五条规定："强制隔离戒毒所批准戒毒人员外出探视的，应当发给戒毒人员外出探视证明。戒毒人员外出探视及在途时间不得超过十日。对非因不可抗力逾期不归的戒毒人员，视作脱逃处理。"

因此，如果戒毒人员的配偶、直系亲属病危，是可以申请外出探视的。小力因爷爷病危，可以申请外出探视爷爷，但是不能违反相关规定。

对于戒毒人员的往来邮件是否应予检查？

小明与姐姐小芳关系非常好，姐姐特别疼爱小明。外出打工的小芳得知弟弟由于吸毒成瘾被公安机关决定强制隔离戒毒后，非常担心小明的情况。但是小芳身在外地，又不能常常去探视弟弟，只能写信给弟弟。一天，戒毒所收到了小芳寄给小明的邮件，那么，工作人员是否应该对这封邮件进行检查？

《司法行政机关强制隔离戒毒工作规定》第二十条第一款规定："对强制隔离戒毒所以外的人员交给戒毒人员的物品和邮件，强制隔离戒毒所应当进行检查，防止夹带毒品及其他违禁品。检查时，应当有两名以上人民警察在场。"由此可见，外人交给戒毒人员的物品和邮件，强制隔离戒毒所应当进行检查，所以小芳寄给小明的邮件也应当被检查。此外，根据规定，检查邮件时，工作人员应当依法保护戒毒人员的通信自由和通信秘密。

戒毒人员的伙食是戒毒所自由进行安排还是按照一定的标准落实？

小华在戒毒所进行强制隔离戒毒，该戒毒所的餐厅每天都会按时提供三餐；小华觉得每顿饭菜都很不错，能够吃饱吃好。同时餐厅每月还会在公告栏公布伙食账目，让大家能够清楚地知道伙食经费的具体开支情况。戒毒人员的伙食是戒毒所自由进行安排还是按照一定的标准落实？

《司法行政机关强制隔离戒毒工作规定》第五十四条第一款规定:"强制隔离戒毒所应当保证戒毒人员的伙食供应不低于规定标准。戒毒人员伙食经费不得挪作他用。戒毒人员食堂应当按月公布伙食账目。"由此可见,戒毒人员的伙食是有严格标准的,不能随意安排,要合理搭配伙食,确保戒毒人员吃够标准、达到营养均衡。而且戒毒所还要对食堂定期进行卫生检查,切实保障戒毒人员的身体健康和食品安全。此外,对正在进行脱毒治疗和患病的戒毒人员在伙食上应当给予适当照顾。对少数民族戒毒人员,应当尊重其饮食习惯。

戒毒人员每周劳动时间最长为多少小时?

小张在强制隔离戒毒期间参加了强制隔离戒毒所组织的电子产品生产工作。工作时间安排为每周一到周五,每天的劳动时间为上午8:00~11:00、下午3:00~5:00。小张认为自己从事该劳动时间过长,不符合法律规定,提出异议。此戒毒所安排的劳动时间违法吗?戒毒人员每周劳动时间最长为多少小时?

《司法行政机关强制隔离戒毒工作规定》第四十三条第二款规定:"组织戒毒人员参加生产劳动

的,应当支付劳动报酬。戒毒人员劳动时间每周不超过五天,每天不超过六小时。法定节假日不得安排戒毒人员参加生产劳动。”据此可知,戒毒人员有充分的休息时间。小张每天的劳动时间为5小时,每周工作5天,并未超过法定工作时间限度,故强制隔离戒毒所安排的劳动时间是合法的。

戒毒人员劳动时会得到相应的劳动保护吗?

小华自愿报名参加了戒毒所安排的技术装备生产工作。在正式工作前,戒毒所专业工作人员对小华进行了岗位培训和安全生产教育,并且提供了一整套工作安全防护品,如安全帽、手套等。小华感觉到戒毒人员劳动时也会得到相应的劳动保护。小华的想法对吗?

《司法行政机关强制隔离戒毒工作规定》第四十四条规定:“强制隔离戒毒所应当建立安全生产管理制度,对参加生产劳动的戒毒人员进行安全生产教育,提供必要的劳动防护用品。生产劳动场地和劳动项目应当符合安全生产管理的有关规定,不得引进易燃、易爆等危险生产项目,不得组织戒毒人员从事有碍身体康复的劳动。”据此可知,戒毒人员参加生产劳动,与普通劳动者一样不受歧视。劳动是一种康复方式而不是惩戒，强戒所严禁组织超时、超体力、超强度的劳动。因此，戒毒人员劳动时会得到相应的劳动保护，以充分发挥劳动的教育矫治功能，帮助戒毒人员树立正确的劳动观念，养成良好的劳动习惯。上述案例中小华的想法是对的。

戒毒人员可以在戒毒所内获取职业技能资格证书吗？

戒毒人员小冰所在的戒毒所与人力资源和社会保障局、职业培训学校合作开办了职业技能培训班，主要提供化妆、按摩保健等各种技能培训。小冰参加了此次培训，在戒毒所内完成了相应的技能学习，经考试合格，小冰取得了艺术化妆师资格证书。戒毒人员可以在戒毒所内获取职业技能资格证书吗？

根据《司法行政机关强制隔离戒毒工作规定》第五十条的规定，强制隔离戒毒所应当协调人力资源社会保障部门，对戒毒人员进行职业技能培训和职业技能鉴定；职业技能鉴定合格的，颁发相应的职业资格证书。因此，戒毒人员通过培训，也能获得职业技能资格证书；这样可以让他们在戒毒所内就掌握专业的谋生技能，为以后就业打下良好的基础，重获职业生涯的春天，从而远离毒品。

戒毒所内可以组织各种各样的文化娱乐活动吗？

妇女节来临之际，某女子戒毒所举行了文艺庆祝晚会。戒毒人员自编自演了一些有益身心健康的小品和舞蹈节目，戒毒所工作人员还教她们唱《常回家看看》《感恩的心》等歌曲，戒毒人员度过了一个快乐的节日。戒毒所内可以组织各种各样的文化娱乐活动吗？

根据《司法行政机关强制隔离戒毒工作规定》第四十八条的规定，强制隔离戒毒所应当开展戒毒文化建设，运用影视、广播、展览、文艺演出、图书、报刊、宣传栏和所内局域网等文化载体，活跃戒毒人员文化生活，丰富教育形式。由此可见，戒毒所内可以开展多层次、多样化、多方面的文体活动，如举办图书会、观看法治电影、学习唱歌跳舞、举行运动会等。这样可以将教育、治疗、训练和文娱有机地结合起来，对戒毒人员进行人性化管理教育，有利于矫正其不良行为，提升其心理健康水平和拒毒能力，培养兴趣爱好和积极向上的生活态度，营造健康、充满活力和希望的戒毒环境。

三、特殊情况处理

戒毒人员在戒毒所内私藏毒品吸食的，会有怎样的后果？

小伟吸毒成瘾，公安机关对他作出了强制隔离戒毒的决定。在戒毒所里，小伟非常抗拒和抵触，不愿配合工作人员，不能坚持戒毒治疗。几个月过去了，小伟戒毒还是没有什么效果。屡教不改的小伟引起了工作人员的注意，工作人员很快发现，原来小伟在床底下私藏了毒品，还在戒毒所内偷偷吸食。对于这种情况，工作人员会对小伟作出什么样的处理？

《司法行政机关强制隔离戒毒工作规定》第二十八条规定："对有严重扰乱所内秩序、私藏或者吸食、注射毒品、预谋或者实施脱逃、行凶、自杀、自伤、自残等行为以及涉嫌犯罪应当移送司法机关处理的戒毒人员，强制隔离戒毒所应当对其实行单独管理。单独管理应当经强制隔离戒毒所负责人批准。在紧急情况下，可以先行采取单独管理措施，并在二十四小时内补办审批手续。对单独管理的戒毒人员，应当安排人民警察专门管理。一次单独管理的时间不得超过五日。单独管理不得连续使用。”

此外，该规定第二十九条规定，对私藏或者吸食、注射毒品的戒毒人员，不得报请提前解除强制隔离戒毒，并应当在期满前诊断评估时作为延长强制隔离戒毒期限的依据；涉嫌犯罪的，应当依法追究刑事责任。

由此可见，对于私藏毒品的戒毒人员，会被实行单独管理，并且会丧失报请提前解除强制隔离戒毒的资格。所以，私藏毒品的小伟接下来就会被单独管理了。

戒毒人员回家探视时复吸的，还可否申请提前解除强制隔离戒毒？

小越已经在强制隔离戒毒所进行了一年半的强制戒毒；这段时间他在戒毒所里表现良好，戒毒效果也比较好。按照规定，他可以申请提前解除强制隔离戒毒了。这时，小越的奶奶病危，他经批准后回家去探视病危的奶奶。但是小越在家那段时间没有抵制住诱惑，又重新沾染上了毒品，回到戒毒所时被工作人员检测出来。那么小越在这种情况下，还可以申请提前解除强制隔离戒毒吗？

根据《司法行政机关强制隔离戒毒工作规定》第

二十六条的规定,戒毒人员外出探视回所后,强制隔离戒毒所应当对其进行检测。发现重新吸毒的,不得报请提前解除强制隔离戒毒。所以,小越在回家探视奶奶期间重新吸毒,他已经丧失了提前解除强制隔离戒毒的资格,无权再申请提前解除强制隔离戒毒。所以,需要提醒外出探视的戒毒人员:要抵制住诱惑,不能再犯错,否则会功亏一篑。

符合怎样的条件才能所外就医?

小周已经在强制隔离戒毒所接受了 8 个月的强制戒毒。这 8 个月来,小周在戒毒所里听从安排,也非常诚心地戒毒。但是,有一天,他在戒毒所里患上了重感冒,出现了发烧、头晕、恶心、身体酸软等症状,这让他非常难受,他想到所外接受治疗。请问,针对小周这种情况,工作人员会批准小周出所治疗吗?符合怎样的条件才能实行所外就医?

《戒毒条例》第三十一条规定:"强制隔离戒毒人员患严重疾病,不出所治疗可能危及生命的,经强制隔离戒毒场所主管机关批准,并报强制隔离戒毒决定机关备案,强制隔离戒毒场所可以允许其所外就医。所外就医的费用由强制隔离戒毒人员本人承担。所外就医期间,强制隔离戒毒期限连续计算。

对于健康状况不再适宜回所执行强制隔离戒毒的，强制隔离戒毒场所应当向强制隔离戒毒决定机关提出变更为社区戒毒的建议，强制隔离戒毒决定机关应当自收到建议之日起 7 日内，作出是否批准的决定。经批准变更为社区戒毒的，已执行的强制隔离戒毒期限折抵社区戒毒期限。”可见，如果符合条件并且履行了相关程序，强制隔离戒毒人员是可以所外就医的。对于小周，他只是患上感冒，病情并没有严重到不出所治疗就会危及生命的程度，所以不符合出所治疗的条件，即使其申请出所治疗也不会被批准。

戒毒人员具体需要达到什么样的条件，才能提前解除强制隔离戒毒呢？

小李因吸毒被公安机关决定强制隔离戒毒 2 年。戒毒期间，小李积极配合进行治疗和身体康复训练，各方面表现良好。1 年后，经评估诊断和客观评价，戒毒所提出解除小李强制隔离戒毒的意见。那么，具体需要达到什么样的条件，才能提前解除强制隔离戒毒呢？

根据《强制隔离戒毒诊断评估办法》第十一条的规定，对生理脱毒评估、身心康复评估、行为表现评估均达到“合格”,社会环境与适用能力评估结果为“良好”的,强制隔离戒毒所可以提出提前解除强制隔离戒毒的意见。那么,对生理脱毒评估、身心康复评估、行为表现评估、社会环境与适应能力评估的具体标准又是什么呢?《强制隔离戒毒诊断评估办法》第七条至第十条对此进行了规定,具体如下:

第七条规定了戒毒人员生理脱毒评估标准:(1)毒品检测结果呈阴性;(2)停止使用控制或者缓解戒断症状的药物;(3)急性戒断症状完全消除;(4)未出现明显稽延性戒断症状;(5)未出现因吸毒导致的明显精神症状或者原有精神障碍得到有效控制。诊断评估时,戒毒人员同时达到上述五项,生理脱毒评估为“合格”,否则为“不合格”。

第八条规定了戒毒人员身心康复评估标准:(1)身体相关机能有所改善;(2)体能测试有所提高;(3)戒毒动机明确,信心增强,掌握防止复吸的方法;(4)未出现严重心理问题或者精神症状;(5)有改善与家庭、社会关系的愿望和行动。诊断评估时,戒毒人员同时达到上述五项,身心康复评估为“合格”,否则为“不合格”。

第九条规定了戒毒人员行为表现评估标准:(1)服从管理教育,遵守所规所纪;(2)接受戒毒治疗,参加康复训练;(3)参加教育矫治活动;(4)参加康复劳动;(5)坦白、检举违法犯罪活动。对戒毒人员的行为表现,强制隔离戒毒所应当将上述考核内容分解量化,采取日积累、月考评、逐月累计的计分形式进行动态考核,达到规定分数的为"合格",否则为"不合格"。

第十条规定了戒毒人员社会环境与适应能力评估标准:(1)与有关部门签订社会帮教协议或者有明确意向;(2)家属或者所在社区支持配合其戒毒;(3)有主动接受社会监督和援助的意愿;(4)掌握一定的就业谋生技能;(5)有稳定的生活来源或者固定居所。诊断评估时,戒毒人员同时具备上述三项以上的,社会环境与适应能力评估为"良好",否则为"一般"。

戒毒所提出提前解除强制隔离戒毒的意见后,该戒毒人员有脱逃行为的,该如何处理?

戒毒所经客观评估,对戒毒人员小王作出了提前解除强制隔离戒毒的意见。在相关决定机关批准该意见之前,小王在某天晚上趁干警不注意擅自离开宿舍,准备趁机逃离戒毒所,后在戒毒所的操场被控制。对于小王的行为,戒毒所应当如何处理?

《强制隔离戒毒诊断评估办法》第十四条规定："对强制隔离戒毒所提出提前解除强制隔离戒毒的意见后戒毒人员有脱逃、自伤自残或者殴打其他戒毒人员等严重违反所规所纪行为的，强制隔离戒毒所应当撤回提前解除强制隔离戒毒的意见。强制隔离戒毒决定机关已批准的，强制隔离戒毒所应当建议强制隔离戒毒决定机关撤销该决定。"在上述案例中，戒毒所对小王作出提前解除强制隔离戒毒的意见后，小王有脱逃行为，戒毒所应撤回意见；如果意见已经被审批，审批决定也会被撤销。

针对戒毒人员的脱逃行为，警察可以使用警械制止吗？

小田和小安在戒毒所里认识。他们都非常不适应戒毒所里面的生活。他们不喜欢被约束，戒毒也不是心甘情愿的。于是，他们密谋着逃出戒毒所。一次，他们趁工作人员不注意，欲爬围墙逃跑，但还是被戒毒所的警察发现了。他们为了逃出去，对警察大打出手。此时，对小田和小安的脱逃行为，警察可以用警械制止吗？

《司法行政机关强制隔离戒毒工作规定》第三十条明确规定：" 遇有戒毒人员脱逃、暴力袭击他人等危险行为，强制隔离戒毒所人民警察可以依法使用警械予以制止。警械使用情况，应当记录在案。”所以按照规定，在必要的情况下，警察是可以对小田和小安使用警械予以制止的。

戒毒人员在戒毒所死亡的，戒毒所需要承担责任吗？

小刘因吸毒被公安机关决定强制隔离戒毒2年。小刘进入强制隔离戒毒所时进行了体检，其符合接收条件，便被收入该所执行强制隔离戒毒。后小刘转入另一个戒毒所，再次体检时检查出其患有高血压。于是，该所定期对小刘进行身体检查并发放治疗药物。一天，小刘晚饭后回到宿舍，突然晕倒在地。同宿舍戒毒人员马上向戒毒所干警报告，干警赶到后发现小刘没有了呼吸，遂立即呼叫救护车将小刘送到医院。后小刘经抢救无效死亡，医生诊断小刘是由于高血压导致休克死亡的。小刘在戒毒所内死亡，对此应当如何处理？戒毒所对此需要承担责任吗？

《司法行政机关强制隔离戒毒工作规定》第十二条第一款规定：“强制隔离戒毒所接收戒毒人员时，应当核对戒毒人员身份，进行必要的健康检查,填写强制隔离戒毒人员入所健康状况检查表。”同时,第六十二条规定:“戒毒人员在强制隔离戒毒所内死亡的,强制隔离戒毒所应当立即报告所属主管机关,通知其家属、强制隔离戒毒决定机关和当地人民检察院。戒毒人员家属对死亡原因有疑义的,可以委托有关部门作出鉴定。其他善后事宜依照国家有关规定处理。”上述案例中,小刘转入另一戒毒所时,被检查出患有高血压,戒毒所对其进行了定期检查和药物治疗,已经及时履行了合理的救治义务,戒毒所不存在违法行为,不应承担责任。但是,戒毒所要及时通知小刘的家属以及相关法定机关,按照国家有关规定处理善后事宜。

四、其他规定

戒毒人员在就业时,是否会受到歧视?

小蒋大学毕业后,整日与一群社会闲散人员混在一起,后来开始吸食毒品并成瘾。小蒋的家人得知小蒋吸毒后,将其送到了戒毒医疗机构,希望他能重新开始生活。后在戒毒医疗机构和家人的努力下,小将彻底戒掉了毒瘾,并从吸毒的阴影里走了出来。“重获新生”的小蒋打算找份工作,踏踏实实地生活,但一想到自己之前吸毒的"黑暗史",就担心找工作时会受到用人单位的歧视。那么,戒毒人员在就业时,是否会受到歧视?

《戒毒条例》第七条第一款规定:"戒毒人员在入学、就业、享受社会保障等方面不受歧视。"由此可见,戒毒人员在就业时,和正常人一样,不会受到歧视。因此,戒毒成功的小蒋在找工作时,不必担心会受到用人单位的歧视,他会像正常人一样就业。

强制隔离戒毒的期限有多久?

小杜已经在强制隔离戒毒所进行了 10 个月的强制隔离戒毒。这 10 个月来,他在戒毒所里认真服从工作人员安排,积极配合戒毒治疗,戒毒效果比较好。现在小杜觉得自己已经成功戒除了毒瘾,不再需要进行戒毒治疗了,想离开戒毒所。那么,强制隔离戒毒的期限有多久?

根据《戒毒条例》第二十七条的规定,强制隔离戒毒的期限为 2 年,自作出强制隔离戒毒决定之日起计算。被强制隔离戒毒的人员在公安机关的强制隔离戒毒场所执行强制隔离戒毒 3 个月至 6 个月后,转至司法行政部门的强制隔离戒毒场所继续执行强制隔离戒毒。执行上述规定不具备条件的省、自治区、直辖市，由公安机关和司法行政部门共同提出意见报省、自治区、直辖市人民政府决定具体执行方案，但在公安机关的强制隔离戒毒场所执行强制隔离戒毒的时间不得超过 12 个月。由此可见，强制戒毒的期限为 2 年。小杜接受强制戒毒的期限还不满 2 年，故不能离开戒毒所。如果想申请提前解除强制隔离戒毒，还应符合相应的条件并履行相关手序。

戒毒人员脱逃期间是否算入强制隔离戒毒期限？

小魏在强制隔离戒毒所里接受强制隔离戒毒。由于母亲病危，小魏向工作人员提出了回家看望母亲的申请。经批准，小魏回了家。但是，他并没有在探视期限届满前返回强制隔离戒毒所继续接受戒毒治疗。几天后，公安机关追回了小魏。经调查，小魏外出探视逾期未归并非由于不可抗力，而是因为他不愿意回到强制隔离戒毒所受约束。那么，小魏脱逃期间应算入强制隔离戒毒期限吗？

《司法行政机关强制隔离戒毒工作规定》第二十一条规定："戒毒人员脱逃的，强制隔离戒毒所应当立即通知当地公安机关，并配合公安机关追回脱逃人员。被追回的戒毒人员应当继续执行强制隔离戒毒,脱逃期间不计入强制隔离戒毒期限。对被追回的戒毒人员不得报请提前解除强制隔离戒毒。”由此可见,戒毒人员逃脱期间不算入强制隔离戒毒期限。

强制隔离戒毒场所工作人员对戒毒人员使用暴力,需要承担法律责任吗?

小凡是强制隔离戒毒所的一名干警。一天晚上,一名戒毒人员的毒瘾发作,一直乱喊乱叫。小凡为了控制住该名戒毒人员,便使用暴力对其进行殴打,导致该戒毒人员肋骨骨折。小凡对此需要承担法律责任吗?

根据《戒毒条例》第四十五条的规定,强制隔离戒毒场所的工作人员有下列行为之一的,依法给予处分;构成犯罪的,依法追究刑事责任:(1)侮辱、虐待、体罚强制隔离戒毒人员的;(2)收受、索要财物的;(3)擅自使用、损毁、处理没收或者代为保管的财物的;(4)为强制隔离戒毒人员提供麻醉药品、精神药品或者违反规定传递其他物品的;(5)在强制隔离戒毒诊断评估工作中弄虚作假的;(6)私放强制隔离戒毒人员的;(7)其他徇私舞弊、玩忽职守、不履行法定职责的行为。毋庸置疑,强制隔离戒毒场所的工作人员应当公正文明执法,依法保障戒毒人员的合法权益,要尊重戒毒人员的人格尊严,坚决杜绝任何形式的虐待和有辱人格尊严的方法、手段及行为,要及时做好沟通交流工作,保护好戒毒人员的人身安全;同时,坚决不能贪污受贿,不能包庇戒毒人员,否则依据《刑法》的相关规定会受到刑事处罚。上述案例中,小凡作为戒毒所的干警,应当采取正当的、合理的手段对戒毒人员进行教育戒治。小凡采用非法暴力手段导致戒毒人员受伤,侵害了他人的身体权、健康权,因此应当承担相应的法律责任。

第六章　成功戒毒故事

摆脱毒品后的轻松自在

小亮是一名普普通通的中学生。一个周末小亮得了重感冒,坐上公交车回家时,全身酸软,一路上一直在打喷嚏。邻座一位面容和蔼的大叔一路上对小亮非常关心。小亮觉得这个大叔还不错,就跟他聊了起来。聊了一会儿后,大叔向小亮说感冒吃药好得很慢,还说患了感冒根本不用吃药,吃一种糖丸就可以很快缓解。小亮并不知道这种糖丸就是毒品,对毒品也没有什么认识,不知道吸食后会成瘾,而且小亮认为这位大叔看起来很和蔼、人很好。所以,小亮并没有戒备,再加上好奇心的驱使,便抱着“试一试”的心态吃下了糖丸。果然感冒的症状很快消失了,他感觉很舒服。

后来每次患了感冒小亮都会联系那位大叔,购买服用这种糖丸。渐渐地,身体一有什么不舒服,无论是手脚擦伤还是心情不好,小亮都会想用吃糖丸来解决。次数多了他才发现自己已经离不开这种糖丸了，他才意识到自己是对这种东西上了瘾。于是，他开始找资料想了解这种东西。后来，他通过学习知道了这是一种会让人上瘾的毒品，着实把他吓了一跳。随着对毒品的认识越来越深入，他的内心也越来越恐惧。此时的小亮已经醒悟了，他知道一定要戒毒，但是当毒瘾发作的时候，自己根本不受意识控制。

还好小亮是冷静和清醒的，他把这件事情的来龙去脉告诉了父母。父母马上联系了戒毒医院的医生，把小亮送去了戒毒医院。小亮深知毒品的危害，所以去了戒毒医院以后一直积极配合治疗。好在他的毒瘾不是很严重，并且有顽强的意志，经过一段时间的治疗后成功摆脱了毒品。戒毒成功后，小亮终于不再紧张兮兮的，整个人轻松自在了不少。

花季少女摆脱悔恨过往

小莉出生在一个不幸的家庭。她 5 岁时，父亲因车祸去世，母亲备受打击，很快也病倒了。小莉 8 岁的时候母亲也离她而去。小莉还有一个哥哥和一个姐姐，哥哥在外打工，姐姐在家照顾小莉。哥哥和姐姐扮演着父母的角色，含辛茹苦地把小莉拉扯大。

哥哥姐姐都觉得小莉太可怜,所以无论生活多么艰辛,依然对小莉宠爱有加。小莉则仗着有哥哥姐姐的照顾和溺爱,想干什么就干什么。

小莉十六七岁的时候,已经出落得非常漂亮,亭亭玉立,十分惹人喜爱。本是最美的青春年华,小莉却仗着自己的美貌在社会上认识了很多“大哥”,他们经常带着小莉到处吃吃喝喝。她不但没有意识到危险,反而引以为傲。一次,她与“大哥们”出去玩儿,一个“大哥”问她想不想尝试一点刺激的东西,随后拿出一包白色粉末状的东西。小莉第一次见到这种东西,心想着一个“江湖女子”还怕什么刺激?于是,她吸食了两口,起初觉得这东西味道特别难闻,让人非常难受。但是为了逞强,她一次又一次吸食……深深地陷了进去。当小莉知道这是海洛因需要尽快戒除时,却发现自己已经完全离不开它了。于是,小莉开始陷入一种矛盾——不吸受不了,吸了就后悔,甚至吸了以后会和朋友抱头痛哭。由于吸食毒品需要大量毒资,她经常向姐姐要钱,姐姐每次都把节衣缩食省下的钱给小莉。小莉清醒的时候经常哭泣,恨自己不懂事,觉得对不起姐姐,可毒瘾一上来她又控制不住自己。

小莉的行为举止越来越不对劲,照顾小莉日常生活的姐姐终于发现这个原本漂亮又有气质的妹妹染上了毒瘾。但是,姐姐没有无情地打骂小莉,而是劝她去戒毒所好好戒毒。小莉听了姐姐的话,自愿去了戒毒所戒毒。戒毒的过程非常不容易,小莉在戒毒所好几次都要坚持不下去了。但是哥哥姐姐一直没有放弃她,他们一直给小莉加油打气,姐姐即使在怀孕期间也经常去戒毒所看小莉。小莉觉得非常对不起哥哥姐姐,下决心一定要戒毒成功。经过 2 年的努力,小莉终于成功戒毒了。走出戒毒所大门的那一刻,她暗暗发誓,一定不会再接触毒品了,以后要好好生活,好好报答哥哥姐姐。

在父母关怀下,挣脱毒品牢笼

薇薇是一个普通家庭的孩子,从小励志努力学习,有朝一日做一个对社会有用的人。薇薇上进、刻苦,品学兼优。后来,她不负众望,考上了市属重点高中。上了高中以后,薇薇开始在意自己的外在形象,微胖的她特别想拥有好身材。为了变得纤瘦,她经常做运动,甚至还尝试过节食。然而,减肥从来不是一件容易的事情。薇薇坚持了一段时间,觉得效果并不明显,而且要坚持下来太难了。就在这时,薇薇注意到邻居家的姐姐身材特别好,自己很羡慕。

一次，薇薇偶遇那位姐姐，便询问她是如何拥有这样纤瘦的身材的。姐姐从口袋中掏出一盒糖果，向薇薇说这种糖果是从一个朋友那里买的，吃了这种糖果不用节食、不用锻炼就可以很快瘦下来。姐姐怂恿薇薇试一下，并称这种糖果最近在搞活动，不仅打折，还可以免费试吃几周。

薇薇一听就心动了，果断收下了糖果。吃了几次之后果然瘦了下来，她就坚信这种糖果的减肥效果好。于是，薇薇越吃越多，从免费吃到主动买，从为了减肥而吃到不吃就会不舒服，从身材微胖到骨瘦如柴。薇薇发现自己已经吃上瘾了。有一天薇薇又去买糖果，姐姐告诉她这并不是普通的糖果，里面有海洛因的成分，还给薇薇开了个天价，告诉她如果以后还想买，就是这个价格。突然知道实情后的薇薇大惊失色，非常害怕也十分焦虑，她不知道自己该怎么办，也不敢让父母知道这件事。此时的薇薇已经变得精神恍惚、面容憔悴，成绩也慢慢滑了下来。她想自己把毒戒掉，但是每次毒瘾犯了她都特别难受，整个人像疯子一样，甚至会抽搐，她真的控制不了自己。

在万不得已的情况下，薇薇把这件事情哭着告诉了父母，她觉得父母一定对她特别失望。但是薇薇的父母没有责怪她，而是马上联系了戒毒机构，让她先戒毒；并且仍然像以前一样关心薇薇，不断支持和鼓励薇薇。薇薇为有这样的父母而感动，也是父母的关怀让她最终得以戒毒成功，挣脱了毒品的牢笼。成功戒毒后，薇薇回到学校学习，并且比以前更加认真和专心。最终，薇薇如愿以偿地考上了理想的大学。

富家子弟多次戒毒终成功

明明的父母是当地有名的企业家，家境非常富裕，他从小吃穿不愁。本以为明明应该是在父母的宠爱下幸福成长的。然而，事实并非如此，父母一直忙于生意，对明明疏于管教。明明常年与一群不良青少年混在一起，穿梭于各种娱乐场所中。明明与这些青少年一起喝酒、吸烟、赌博甚至吸毒，他们觉得吸毒像抽烟一样特别酷，而且比吸烟好玩、刺激。就这样，才15岁的明明就不幸沾上了毒品。

明明吸毒成瘾，被公安机关决定强制隔离戒毒。一段时间后，明明从强制隔离戒毒所出来了。父母认为明明经历过戒毒的痛苦，应该不会再接触毒品了，于是继续忙生意，没有特别关注明明的生活。但是他们高估了明明的意志力，明明很快就再次染上毒瘾。于是,明明第二次进入了强制隔离戒毒所。非常遗憾的是,明明强制隔离戒毒到期后依然没有从毒瘾的苦海中解脱出来。这时候,明明的父母对他失去了信心,觉得明明两次被送去强制隔离戒毒让他们很没有面子,不但不帮助明明,反而经常恨铁不成钢地打骂明明。明明身边的亲朋好友也因此歧视、远离他。学校更是不会留下这样一个有毒瘾的学生,明明的学业也就此荒废。就这样,这个即将步入高中的小伙子,误入歧途后生活变得一团糟。

由于强制隔离戒毒这条路实在行不通,明明开始接受社区戒毒。幸运的是,社区民警及社区戒毒工作站的工作人员非常好。明明被送到社区戒毒后,工作人员从心理上尽力开导他,从思想上正确引导他,并且在生活上帮助和关心他,这让明明慢慢找回了对生活的信心和勇气。于是,明明从内心坚定了戒毒的决心,并决意痛改前非——积极配合工作人员做戒毒康复工作。一段时间后,明明终于彻底戒断了毒瘾、脱离了苦海。

如今,明明开启了全新的生活,父母和亲戚朋友都回到了他的身边,他还在父母的支持下开始学习和创业,过上了平凡而幸福的小日子。

为劝男友回头试毒品，艰难戒毒悔当初

小敏出生在一个偏僻的山区，那里没有好的学习条件，交通也比较闭塞，以至于小敏对社会的认知也比较少。家境贫寒的小敏初中毕业后就外出工作，那时她才16岁。外出工作几个月后，小敏认识了一起工作的小王。小王给予小敏很多生活上的关心和帮助，两个人在一起工作的过程中感情渐深，很快确定了恋爱关系。

交往一年多后，小敏发现男友小王竟然吸毒。小敏知道毒品这种东西不好，会成瘾，所以一直劝说小王不要吸了。但是小王认为自己自制力好，称自己只是身体不舒服的时候偶尔吸食，不会有问题的。然而，情况越来越糟糕，小王的毒瘾越来越严重，他把和小敏两人辛苦赚的钱都拿去吸毒了。无论小敏怎么劝说小王改邪归正，小王始终摆脱不了毒品。小敏越来越受不了这样的男友，心想不能再任由事态发展下去了，她一定要让男友把毒瘾戒了。于是，她想了一个办法——用自己的行动来劝说男友。小敏为了证明毒瘾是可以戒掉的，自己开始吸毒。她对毒品了解得不多，认为凭自己的意志力是一定不会上瘾的，只要自己成功把毒品摆脱掉，男友也自

然能成功戒毒。但是,小敏太天真了,就在她无知尝试的过程中,身体渐渐成了毒品的俘虏——小敏深深陷进去了,无法自拔。小敏开始和小王一起吸毒,一起倾尽家财去买毒品。小敏的意志日渐消沉,身体也越来越差,最终两人的工作也丢了。小敏非常后悔,她知道是自己的无知造成了这个后果,如今的她不仅不能接济家里,也不能自己独立工作、生活。

后来,小王和小敏先后进了戒毒所。小敏在戒毒所里十分懊悔,她决心无论戒毒的过程有多艰难,也一定要坚持下去。经过了漫长而艰难的戒毒过程,小敏终于把毒瘾戒掉了。经历过这件事,小敏深深感受到了毒品的危害,她终于明白,了解毒品是非常重要的,无知的代价太大了。所以自戒毒成功后,小敏开始用自己的经历告诉身边的人:千万不要沾染毒品。

走出毒品泥沼,重回人生正轨

小力本来有一个幸福的家庭。但在他 12 岁的时候,爸爸吸毒成瘾,把家里的全部财产拿去买毒品了。因此小力的妈妈也经常跟爸爸吵架,两人吵得严重时甚至会当着小力的面大打出手。后来妈妈实在忍无可忍,离家出走了。本应该在父母的呵护下快乐成长的小力眼看着这个家从完整变得支离破碎,他的性格也慢慢地变得孤僻起来。妈妈离家出走后,小力经常看到爸爸和他的毒友们在家吸毒。受他们的影响,小力开始模仿他们。由于妈妈不在身边,也没有其他人的照顾,缺乏监督和教育的小力居然跟着爸爸一起走上了吸毒之路。

小力的家逐渐变成了一个毒窝,后来邻居发现了这个情况,就去公安机关举报了他们。紧接着,小力的爸爸和小力先后被送进了强制隔离戒毒所。小力的遭遇是不幸的,但也可以说是幸运的,因为他在戒毒所里遇到了一个好警察。这位警察看到小力年龄这么小就走上了歧途,感到惋惜,决意帮助他改邪归正。这位警察在帮助小力戒毒的过程中非常用心:从心理上开导和正确引导小力,同时也不断教育小力,告诉他学习的重要性以及生活的美好,教他学会明辨是非善恶,并且不断鼓励小力积极戒毒,走出戒毒所,努力学习成就自己灿烂的人生。

小力感受到了前所未有的温暖。在警察和小力的共同努力下,小力最终走出了毒品的泥沼,重新进入学校学习,接受教育。后来,小力考上了一所高等职业技术院校。小力毕业后,顺利进入一家汽车生产企业做了技术员。小力说一辈子都不会忘记那位警察,这位让他重回人生正轨的警察。

爬出“深渊”,重拾希望

阿莲本是一个平凡的女孩,不同于常人的是,她的背后有一个畸形的家。阿莲的父母在她还不到2岁时就离异了,她跟随母亲生活,不久母亲便带着她改嫁了。不料继父嫌弃她,经常打骂她。母亲对阿莲也没有特别深厚的母女情,于是母亲和继父便把她送养给一对已经结婚多年但尚未生育的夫妇。一开始养父母对阿莲很好,照顾阿莲的生活,让阿莲不愁吃穿,对阿莲关爱有加。阿莲也以为自己终于可以开启幸福生活了。但是,就在阿莲8岁时,养母生下了弟弟,她再一次成了家里的累赘。她开始失去养父母的关爱,每天打扫卫生、洗衣做饭、看管弟弟……由于缺乏家的温暖和亲人的关怀,阿莲的学习成绩一落千丈。慢慢地,她对学习失去了兴趣。初中毕业后,阿莲就离开了家。

一天,阿莲看见几个朋友躲在角落里抽烟,她凑近去看,发现这种“烟”抽法似乎很奇特。出于好奇,阿莲也学着朋友们的样子吸了一口……上瘾后,由于没有经济来源,阿莲每天都与在娱乐场所里认识的朋友们混在一起，以方便获得毒品。很快，他们吸毒的事情就被警察发现了，阿莲被送进了戒毒所。

刚进戒毒所的时候，阿莲特别消极，她觉得自己没有错，她是为了寻求解脱才借“烟”消愁的。她一直是被动接受治疗，戒毒效果特别不好。戒毒所的工作人员发现这个问题后，对阿莲的生活非常关心，经常找阿莲聊天，想让阿莲敞开心扉。有一天阿莲过生日，工作人员专门给阿莲订了一个生日蛋糕，还请来一些戒毒成功的“前人”一起庆祝阿莲的生日，阿莲十分感动。阿莲渐渐感受到人与人之间的尊重和关怀，她突然间发觉自己或许并不是天生的累赘。于是，阿莲慢慢变得开朗起来，终于拾起对生活的希望，她开始主动接受治疗。经过一段时间的戒毒治疗，阿莲终于走出了毒瘾的深渊。离开戒毒所后，阿莲整个人仿佛脱胎换骨，她不再怀着悲愤和怨念浑浑度日，而是怀着希望和自信重新生活。

信念之光指引戒毒道路

小志从小就喜欢创作，上高中时就已经写过很多篇小说并在网上发布。有一段时间学校大力进行有关禁毒防毒的宣传。小志突然注意起吸毒这个现象,他通过观察和调查发现:社会上染上毒瘾的人不少,在戒毒所苦苦挣扎的人也不少。小志想了解一下他们的生活,然后进行创作。抱着这样的心理,小志开始好奇:吸毒到底是怎样一种感受?真的这么容易染上毒瘾吗?戒毒又是怎样一个过程?他的内心慢慢有了这样一种想法:如果自己能在一本书上记录下从吸毒到戒毒的身体和心理感受,那该多有意义。于是,小志为了进行创作真的主动去尝试了毒品。然而他的书只有短短的一个开头——他一开始吸毒的感受,就再也没有了下文。因为小志很快就染上了毒瘾,整天无精打采,身体也越来越差,根本没有心思去创作。

很快,家长和老师注意到了小志的异常,他们发现小志沾上了毒品,紧接着小志就被送去了戒毒所戒毒。毒瘾发作时,小志感觉身上的骨头好像有无数蚂蚁在啃噬一般,他觉得自己无法忍受毒瘾发作时的痛苦,他几乎要放弃戒毒了。直到有一天,戒毒所里迎来了一批特殊的客人——禁毒志愿者。一位禁毒志愿者关注到了小志,他一开始是很轻松地与小志聊天,他告诉小志自己以前有 6 年的吸毒史,因为吸毒也失去过很多。但是后来他克服了种种困难,成功走出了吸毒的深渊,现在生活得很好。小志与这位志愿者沟通后感触非常深，他终于坚定了戒毒的信念，也有了戒毒的信心。另外，这位志愿者带小志参加了心理健康培训课，并在小志戒毒的这段时间里一直积极提供帮助。有了禁毒志愿者的帮助，小志感觉戒毒过程不再艰难。经过一段时间的努力，小志成功脱离了苦海。

从戒毒所出来后，小志还是完成了一部创作。只是他创作的内容已经变成对毒品的认识以及毒品的危害、毒瘾的可怕等禁毒知识，小志想通过这本书呼吁大家珍爱生命、抵制毒品、远离毒品。

逃离毒海的背后

小韩在一岁多时父母离婚了，她是由爷爷奶奶抚养长大的。然而，爷爷奶奶年龄大了，对社会上的新鲜事物也不太了解，对小韩的管教非常有限。小韩慢慢长大了，结交了一群社会上的不良青少年，而爷爷奶奶对此并不知晓。一个周末，小韩和这些朋友出去玩。晚上在 KTV，小韩看着一些朋友在角落熟练地吸毒，非常害怕。但是朋友很肯定地告诉小韩，毒品并不可怕，吸一次是不会上瘾的。一开始小韩还是有戒备心的，她不敢轻易去尝试。后来小韩心想着反正吸一次又不会上瘾，不如试试。于是，在朋友的指点下，小韩第一次尝到了毒品的滋味。然而，有了第一次，很快便有了第二次、第三次……小韩就这样慢慢堕入毒海无法自拔。最终，某天凌晨4点，16岁的小韩在一家小宾馆吸毒时被警察抓获。

小韩刚被送去戒毒所时情绪特别不稳定，对戒毒治疗十分抗拒，对戒毒所的工作人员也十分抵触，经常情绪失控，疯狂起来甚至会打骂工作人员。因此，她的戒毒效果并不好。

小周是当地一名普通的人民教师，与其他老师不同的是，她十分关心青少年禁毒的状况，也在协助公安机关开展针对青少年的禁毒工作。由于小韩的戒毒效果不好，戒毒所便邀请小周老师给小韩做疏导工作。与小韩进行沟通之后，小周老师了解了小韩吸毒的前因后果，决意帮助这个迷途青少年回归正道。小周老师还进一步了解到小韩情绪失控的原因：原来小韩被公安机关抓获后公安机关联系过小韩的爷爷奶奶以及姑姑等家人，但是家人得知小韩的情况之后十分气愤，扬言不会再见小韩。小韩觉得没有家人的谅解，即使戒毒成功了，生活也没有意义。于是，小周老师坚持与小韩的爷爷奶奶联系，电话被挂后继续打，电话不接就发短信，发了一条又一条，还专门去家里拜访了他们。爷爷奶奶终于被小周老师的诚意感动，也听了小周老师的建议去戒毒所看望小韩，并原谅了小韩。从此，小韩有了戒毒的信念。

在小周老师和戒毒所工作人员的帮助下，小韩最终成功逃离了毒海，并开始正确认识自己，重新燃起了对生活的希望。小韩得以逃离毒海的背后是小周老师的不懈坚持和付出，小韩非常感谢小周老师。两人还成了好朋友。事实上，很多戒毒成功的人的背后都有一些关心、尊重和鼓励他们的人。

带着父亲的遗愿，逃离毒品的魔爪

小陈从小不爱学习，中学毕业后就打算工作了。无奈的是，小陈既没有学历也没有技能，根本就找不到工作，只能跟着社会上的无业人员一起混吃混喝、浑浑度日。由于没有找到合适的工作，他备受挫折，感到生活无望。这种生活方式和心态让他很快跟着混混儿们沾染上了毒瘾。身无分文的小陈为了吸食毒品，偷家里的钱，甚至开始变卖家里的东西。父母管教他的时候，他不但不知悔改还和父母吵闹，全家人因为小陈吸毒陷入了深渊。为了让小陈远离吸毒群体，戒除毒瘾，小陈的父母甚至用铁链把小陈锁在家里。小陈吃饭睡觉都被锁着。父母用铁链把小陈锁在家里戒毒的消息很快传到了当地的街道办事处。街道办事处的工作人员随即上门了解情况,后把小陈送去戒毒所进行强制隔离戒毒。在戒毒所里,小陈信誓旦旦地说不会再沾染毒品拖累家人。但是从戒毒所出去后,他感觉受人歧视,又找不到满意的工作,便又去找之前的"哥们儿",很快就再一次吸上了毒。

由于长期吸毒,小陈深受毒品的祸害,他的身体状况已经变得非常差,时常生病,还经常出现幻觉。整个家已经被他拖垮了。更不幸的是,小陈的父亲也病倒了,生命垂危。小陈去见父亲最后一面时,父亲哭着抱住小陈,说最放心不下的就是他,无论如何要戒毒。小陈顿时醒悟,向父亲保证,自己一定会戒掉毒瘾重新做人。

父亲去世后,小陈再次进入了戒毒所,这次他暗下决心:无论怎样都要把毒瘾戒了。在戒毒所里,他还学习了厨艺等生活技能。戒毒成功后,他重拾学业,完成了课程,成功拿到了中专文凭,终于找到了一份不错的工作。

学霸戒毒后前途大好

小严的家在一个偏僻的小镇。小严自幼好学,成绩一直很好,是人们眼中的“学霸”。家人们也对小严倍加呵护。中考的时候,小严以优异的成绩考上了县里的重点中学。自此,小严告别父母,告别小镇,孤身一人踏上了求学之路。从县城回家路途遥远,交通不便,小严每隔两三个月才回一次家。周末的时候,小严喜欢到县城各处逛逛。处于青春期的小严对各种新鲜事物充满了好奇。一次,他在一位朋友的带领下去了游戏厅,认识了游戏厅老板刚哥。刚哥同意小严周末来打游戏享受半价优惠。一来二去,小严与刚哥成了朋友。后来,在刚哥的引诱下,小严吸食了摇头丸。之后,小严经常以各种理由向父母要钱。父母一直觉得小严是个懂事的孩子,所以对小严的要求一般都会满足。小严慢慢地对摇头丸产生了依赖,再也无法靠意志抵制。父母也渐渐察觉出了端倪。为了挽救处在危险边缘的孩子,小严的父母毅然决然地将小严送入了戒毒所。经过半年的戒毒,小严成功地摆脱了毒瘾。想起之前的经历,小严追悔莫及。

从戒毒所走出来的小严仿佛对生活有了更深刻的认识,决心努力学习,不再荒废自己宝贵的青春年华。休学半年的小严重新回到了课堂,认真学习,将自己的全部精力放在了学习上。之后,小严考上了大学，学习了企业管理专业。在大学期间，小严刻苦钻研，以优异的成绩顺利毕业。毕业后的小严就职于一家上市公司，他每天积极地工作，奔走于公司与客户之间。那段不堪回首的短暂吸毒史早已在他的人生中淡化了。小严的事业蒸蒸日上。3年后，他晋升为公司市场主管。现在，小严非常满意自己的生活和工作。回首往事，小严非常感谢父母的支持和鼓励，他说没有父母的信任和自己的努力就不会取得今天的成功，也不会体会到生活的美好。

告别度冷丁后的生活

东东家庭环境优越，吃穿不愁，过着令很多人羡慕的生活。东东虽然家境好，但是他为人低调，凡是想得到的东西，都会通过自己的努力获得。大学毕业后，东东一直梦想着出国深造读研，而且要申请世界一流名校。为了圆梦，东东一直不懈地努力，但考了3年都失败了。一次次的失败让东东失去了信心。但是，不服输的劲儿始终伴随着东东继续追梦。又是几个春秋过去了，东东凭借自己的努力仍然没有达成目标，他心灰意冷了，人也变得寡言少语、郁郁寡欢。每天上班、回家两点一线，业余时间几乎什么也不干。

东东开始怀疑自己,经常整夜地睡不着觉,在工作中也连连出错。他不敢去就医,就自己偷偷地吃镇定药物。一次,他发现身患癌症的姥姥每天服用度冷丁缓解疼痛。上网一查,他得知度冷丁有镇定功能。于是,他开始偷偷使用姥姥的药物。久而久之,东东对度冷丁产生了依赖。后来,家人发现了东东的秘密,但是,为时已晚,东东已经上瘾了。

后来,东东在家人的帮助下实施戒毒,最开始是非常痛苦的。但是,东东的求治欲望非常强烈,他希望自己年轻的生命可以尽情绽放。半年后,东东重新开始了新的生活。他不再追求世界名校,而是成立了一家软件公司。在他的经营管理下,生意做得风生水起。在事业稳步发展的时候,小丽走进了东东的视野,两人情投意合、志趣相投,共同把事业和爱情推上了新的高度。从此,两个人过上了幸福甜蜜的生活。

有志青年戒毒后重回职场

鹏鹏以全县第一的成绩考上了名牌大学。鹏鹏的父母也感到骄傲,亲朋好友都觉得鹏鹏以后肯定会成为高精尖的人才。鹏鹏背负着家人的期许踏上了求学路。大学期间,鹏鹏不敢懈怠,一直努力钻研,是学校里连续4年的优秀学生和奖学金获得者。在老师和同学的眼里,鹏鹏是个踏实、勤奋的好学生。

4年后,鹏鹏顺利毕业,与一家证券公司签订了劳动合同,有了稳定的工作。入职后,鹏鹏的业务能力很强,得到了单位领导的赏识和信任,很快晋升为业务部主管。负责业务工作经常接触各式各样的客户,这对于老实、单纯的鹏鹏来说是个不小的挑战。但是,鹏鹏没有给自己任何退缩的余地,他暗下决心:即使是艰难万险也要挑战。

凭着踏实的工作作风和吃苦耐劳的劲头,鹏鹏在业务主管的岗位上越干越顺利。但是,遇到了社会金融大环境低迷的时期,证券公司的业务量也跟着走下坡路。鹏鹏特别着急,费尽心思想进一步开拓市场。于是,鹏鹏开始结交各种潜在客户,为了满足客户的需求,鹏鹏挖空了心思。一次,鹏鹏听说客户张老板胆子大,什么刺激就喜欢尝试什么。为了投其所好,鹏鹏通过非法手段购买了一些吗啡送给张老板。张老板让鹏鹏陪着一起"享受",鹏鹏为了业绩,咬着牙吸食了。吸食后,鹏鹏就上瘾了。渐渐地,吗啡成了鹏鹏生活的必需品。虽然几次都想摆脱,但始终没有足够的毅力坚持到底。

后来,鹏鹏在单位体检时被发现长期吸食毒品。他再也没有脸面在单位工作下去了,辞了职。单位领导体恤他,找他谈话,他道出了事情的原委。领导感慨道:鹏鹏真是糊涂啊! 鹏鹏说,他当然知道吸食毒品的危害,但是自从有了第一次后,就一发不可收拾了。领导建议鹏鹏戒毒,重启人生,并承诺只要他戒毒成功就可以回公司上班。鹏鹏流着悔恨的泪水,带着领导和家人的嘱托与期待,去了戒毒所。

如今,鹏鹏又重新从基层职员做到了业务主管,每天忙碌于公司和客户之间。鹏鹏回首戒毒往事,满怀感慨地说:"曾经,我在充满诱惑的路上走了弯路,幸好我最终没有放弃。"

北漂少女戒毒成功做回自己

小琴自幼喜欢唱歌,再加上天生一副好嗓子,唱起歌来特别好听。小琴立志考音乐学院,但是父母一心想让小琴考医学院,当一名医生。高考时,小琴没有考上父母心中理想的大学。父母想让她复读,准备来年再考。但是,小琴拒绝了,她想要实现自己的音乐梦想。于是,她背着一把吉他,来到了北京,成了一名"北漂"。在偌大的北京城,小琴人生地不熟,再加上刚刚高中毕业还带着些许稚气,找工作屡屡碰壁。为了维持正常的生活，小琴就在过街天桥、地铁站、地下通道等人流密集的地方卖唱。这样的日子让小琴痛苦并快乐着。

一个炎热的夏夜，小琴在地下通道弹琴唱歌。一位衣着时尚的男人走到他身边说："我观察你好久了，歌唱得不错，到我的酒吧做驻唱歌手吧！吃喝不愁，风吹不着，雨淋不着，还比你现在有前途。"小琴一听，高兴极了，立刻答应了。

后来，小琴得知，把她领进酒吧唱歌的人是酒吧的老板，人们都叫他"刚哥"。按照刚哥的要求，小琴要在酒吧唱充满激情和动感的爵士歌曲，小琴表示不擅长这种类型的歌曲。刚哥说："没关系，多练练就好了。"小琴怀着感恩的心开始了紧张的练习。经过苦练，小琴觉得登台演唱已经没问题了。但是，当她演唱时，台底下观众喝出了一片倒彩，导致她一曲没有唱完就灰溜溜地逃跑了。小琴的自尊心受到了严重的打击，她开始怀疑自己坚持唱歌是否正确，心情跌到了谷底。小琴没有心思继续练歌，整天郁郁寡欢。刚哥看到小琴颓废的样子端着酒杯对她说，喝下这杯酒就会忘记烦恼了。没有防备的小琴把酒喝下了……后来同事告诉她，刚哥往酒里放了毒品。小琴知道毒品不是好东西，但是迫于各种压力，也只好默许了。之后，小琴只要碰到不开心或者烦恼的事情，就来找刚哥“排忧”。日子一长，小琴对毒品产生了依赖，最终吸毒成瘾了。

一天，小琴的母亲来北京看望小琴，发现其染上了毒瘾。小琴的母亲特别痛苦，责怪自己耽误了女儿，要是当初支持女儿考音乐学院，小琴就不会吸毒了。为了拯救女儿，母亲将小琴送进了戒毒所。在戒毒期间，小琴发誓戒毒成功后会努力生活，不成为父母的累赘。后来，小琴成功戒毒。小琴回到了自己的家乡，经过自己的努力考上了一所音乐学院。毕业后，她在父母的帮助下，开办了一家青少年音乐兴趣班。小琴恢复了往日的朝气，也重新找回了自信。父母看到小琴的成就感到非常欣慰。现在的小琴特别珍惜自己的父母、伴侣和朋友，她说会用心经营自己的事业，编织自己的梦想。

商界精英弃毒重生

小陈出生在商人世家，受祖父和父亲的影响，有着令人羡慕的“商业头脑”。小陈大学毕业后，没有继承父亲的产业，而是选择了“从零做起”来证明自己的价值。小陈向父亲借了200万元启动资金，单枪匹马南下广州，创立了一家期货投资公司。公司创办初期就赶上了金融好年景，业务做得顺风顺水。几年后，公司成了当地小有名气的投资公司，公司职员也从刚开始的4人增加到20多人。公司的极速发展激发了小陈创业投资的热情，投资越来越大胆。

俗话说："天有不测风云，人有旦夕祸福。"小陈的一个大规模的投资项目发生了意外，损失惨重。预期的资金没有按时到位，以至于影响了公司的正常运营和开支。公司人心涣散，很多员工都相继离职。在巨大的压力之下，小陈的精神处在了崩溃的边缘，完全失去了理智和思考能力，而且时不时会出现狂躁、暴怒的情绪。小陈认识到若自己长期如此，身体一定会垮掉。身体是革命的本钱，小陈告诫自己一定要振作起来，重整公司，让公司恢复往日的兴旺。可是，想到容易，做到难。小陈狂躁的情绪总是战胜他的理智。这时，有人给他出主意，可以用一些镇定药物来缓解一下，以便暂时渡过难关。于是，为了能让自己镇定下来，小陈便托朋友给自己购买了一些镇定药物。经过几个月的艰苦运作，公司业务仍然不景气。小陈的压力丝毫没有减轻，一直靠着镇定药物维持正常的精神状态。久而久之，小陈对镇定药物产生了依赖，精神状况也大不如前，身体素质急剧下降。

一天，小陈上网的时候，意外发现自己服用的镇定药物，实质上归为“毒品”一类。小陈恍然大悟，后悔莫及，即刻决定戒毒。小陈决定自己在家里戒毒，让自己最信任的朋友搬来和他一起住，监督他。他告诉朋友，当他毒瘾发作的时候，不管看着多痛苦，都不能给他吃药。经过 3 个月的严格控制，小陈凭着坚强的毅力和朋友的帮助，成功戒毒。虽然过程是痛苦的，但是小陈自此犹如重生。

后来，小陈经过心理医生的疏导，释放了不良情绪和心理压力；通过运动、音乐、合理膳食调节身体机能。慢慢地，他的身体和情绪都恢复了正常。小陈的公司在消沉几年后，又遇到了新的合作伙伴，也慢慢地走出了困境。通过这次刻骨铭心的经历，小陈懂得了凡事欲速则不达，不能急于求成、急功近利。他开始正确地看待人生。他逢人就讲，在工作中要放平心态，不要做自不量力的事情；当遇到烦恼、困难的时候，要多找找出路，不要一个人闷着，更不能找一些“捷径”来为自己排忧。

复吸后的归途与领悟

大强毕业后当了一名业务员，常年奔波在外，出差成了正常的工作状态。一年冬天，大强到哈尔滨谈生意，刚到哈尔滨就被凛冽的寒风吹了个透心凉，第二天就得了重感冒。大强在哈尔滨的老同学小武来宾馆看望大强。大强对小武说，自己特别着急，因为这重感冒恐怕要耽误一单大生意。小武告诉大强，可以帮他解燃眉之急。说着，小武从大衣内兜里掏出一点儿白色粉末状的东西，让大强服下。大强没有多想，一口服下了。吃完后，大强状态有所好转，睡了一觉后感觉浑身轻松，像是完全康复了。这下，大强相信了小武的话，觉得这白色粉末的确是个好东西！于是，大强就请求小武再给他一些，以备不时之需。第二天，小武就来到宾馆给大强送来了一些白色粉末。后来，大强从熟人处得知小武是“瘾君子”，推测自己吃过的白色粉末可能是毒品。可是大强并没有懊悔，他反倒觉得这个白色粉末很好，吃点儿没关系。于是，大强无论是生病还是心情不好，都吃上一点儿。不久后，他便染上了毒瘾，一吸就是 6 年。6 年间，大强家的积蓄都买了毒品，日子过得非常艰难。后来，妻子跟大强说：“如果你不戒毒，咱俩就离婚。”大强被镇住了。为了挽留住妻子，维护好家庭，大强戒掉了毒瘾。大强戒毒后的一段日子，家庭恢复了昔日的安宁。

3 年后，大强禁不住“粉儿友”的诱惑，再次走上了吸毒的道路，不能自拔。家里省吃俭用的积蓄被大强全部挥霍了。为了吸毒，大强又以各种理由到处借钱，欠了一屁股债，最终妻离子散。大强吸毒后，无心上班，经常无故旷工，最后也被单位开除了。大强感觉人生已无可留恋，他欲投河自杀，被好心的路人救了下来。后来，大强在居委会的帮助下去了戒毒机构治疗。起初，大强觉得自己走上了一条不归路，再也没有退路了，他消极治疗，自暴自弃。幸运的是，大强遇到了耐心的、专业的心理疏导员——她帮助大强重拾了对生活的信心，鼓励大强戒毒后重走人生路，告诉大强一切都可以尝试着挽回，即使有些事情不能挽回也要争取做最好的自己。大强被感动了，从此积极戒毒。最终，大强戒毒成功了。大强感觉自己脱胎换骨了，在经历了吸毒、生死、戒毒的艰难过程后，大强领悟到很多。大强决心重新开始，做一个堂堂正正的人，通过努力过上好日子，争取让妻子回心转意，找回从前的家。

异国他乡戒毒重生

小华曾是国内某知名大学建筑工程系的学生。大学期间，小华一直是好学生，门门功课第一，每年都能拿到奖学金。大学毕业以后，小华在北京找到了一份待遇非常好的工作,当上了建筑工程师。工作两年以后,很多人都劝小华出国深造,学习一下国外先进的建筑工程知识。刚好,小华与公司的劳动合同也即将到期,小华自己也有了一定的积蓄,遂开始申请留学读研。录取通知下来以后,小华向公司申请了辞职,开始了美国留学之旅。

小华到了美国学校以后,认识了许多来自世界各地的朋友,当然也有很多中国朋友。小华平时除了上课、搞科研,还加入了许多社团。他周末有时会参与一些社团活动,有时也会约些朋友一起观光游玩,留学生活过得十分充实。不久,小华在一个街舞社团结识了一位中国的朋友小达。小达在美国居住多年,对美国的情况十分熟悉。小达是个典型的富二代,经常带着小华出入各种高档场所,挥金如土。小达经常出入迪厅,与迪厅里的许多顾客都是朋友。慢慢地,小华也被带入了这个圈子,竟不知不觉沾染上了毒品,生活的重心开始转移到毒品上。

小华到美国后交往了一个女朋友丽丽。丽丽是一个温柔的中国女孩,在得知小华吸毒后并没有离开小华,而是耐心劝说小华戒毒,但是无济于事。某日,小华因吸毒过量休克被送往医院,看着病床前不离不弃的丽丽,再看看狼狈不堪的自己,小华流下了悔恨的眼泪。他终于醒悟过来，自己辛苦来到美国是为了学习知识，不能虚度时光。吸毒不仅给自己的身体造成了伤害，也让自己身边的人痛苦不堪。于是，小华在丽丽的帮助下开始戒毒。戒毒的过程很辛苦，但是经过小华和丽丽的共同努力，小华最终还是戒掉了毒瘾。不但如此，小华还开始努力学习，和丽丽考上了同一所大学的博士。更令人感到欣慰的是，二人还在许多亲朋好友的见证下举办了婚礼，开启了幸福的生活。

告别罂粟壳的健康人生

小平是一个云南女孩，自小在云南绚烂多彩的鲜花丛中长大。小平的家乡是一个美丽的小山村，山上长满了鲜花，还有野生的罂粟花。小平自幼体弱多病，感冒发烧对她来说就是家常便饭。因为家里穷，小平父母就经常用土方子给她治病——上山采摘罂粟壳研成粉末儿。每次小平生病，只要吃了这种粉末儿，病很快就好了。小平的父母虽然知道这是罂粟花的壳，但是没有想过会给小平带来身体危害。慢慢地，小平长大了，一家人搬到了城里生活，离开了这个美丽的小山村。但是小平的身体状况依然不好，经常生病。

后来,小平因身体虚弱辍学在家休养,小平的父母再次回到老家寻找小平小时候的“土方子”。但是,小平吃完“土方子”以后,并没有像以前一样病情立刻好转,而是只能维持三两天就病得更严重,吃药的量也越来越大。无奈之下,小平的父母带小平去医院看病。医生诊断之后的结论是小平体质差,营养不良。通过化验,医生还发现,小平长期服用毒品产生了依赖,已经成瘾。在医生的询问下,父母告知曾用罂粟壳给女儿治病。医生听后震怒,告知罂粟壳才是摧毁女儿身体和精神的罪魁祸首,责备父母的无知给女儿带来了大伤害。

医生建议小平的父母送小平到专业的戒毒机构戒毒。好在小平毒瘾不大,在戒毒所很快就戒毒成功,回到了父母身边。回家后,小平并没有责怪父母,而是不断宽慰他们,并决定重回学校好好读书,成为一个有知识的人。返校后的小平不但刻苦读书,还加强了体育锻炼,成绩越来越好,身体也慢慢强壮起来。在小平的不懈努力下,她终于考上了理想的大学,一家人都十分欣慰。

医生摆脱度冷丁做回合格爸爸

张某是某医院药房部的主任,工作十余年,一直兢兢业业，每年都被医院评为先进工作者。几年前，张某和妻子因是否生育二胎问题产生了分歧，二人为此经常吵架。张某不愿意面对妻子，就经常以值班为借口躲在医院里过夜。某日，张某的妻子到医院质问张某为何总不回家，当时正赶上张某和领导开会。张某觉得妻子的行为让自己特别没面子，一气之下打了妻子一巴掌。妻子受不了张某的这一举动，遂决定和张某离婚。

妻子提出离婚以后，张某也进行了认真的思考，觉得二人确实过不到一起，于是同意离婚，并向妻子提出孩子要归自己抚养。妻子因拒不放弃孩子的抚养权，诉至法院。法院最终判决孩子归妻子抚养。张某离婚以后没有得到孩子的抚养权，整日闷闷不乐，十分消沉，许久没去上班。后来，张某想到，医院的药房里有度冷丁，可以让自己释放压力。张某明知度冷丁是处方药，但是他觉得作为药房部主任，自己拿来用应该没人能发觉。于是，张某回到医院上班，开始给自己注射度冷丁，渐渐地，张某上瘾了。

后来，张某的行为被医院的同事发现，同事耐心劝导却没有起到任何作用。最终，医院对张某作出了处分——停薪留职。张某在家无法注射度冷丁，整个人更加消沉。医院的同事为了帮助张某，轮流去照顾他，想让他重新振作起来。某日，张某的前妻带孩子来看望张某。张某看到孩子以后，悔不当初。孩子见到张某，责备他不是个称职的父亲。张某不想孩子越来越疏远自己，于是下定决心要洗心革面，摆脱度冷丁，重新做个合格的爸爸。

作为医生的张某知道度冷丁的药效，也知道戒毒的相关理论知识，所以张某决定在家戒毒。张某凭借坚韧的意志力和想亲近孩子的强大动力，加上同事的帮助，张某很快戒掉了毒瘾。张某的前妻看到戒毒后的张某，愿意重新给孩子一个温暖的家，于是二人复婚了。张某也再次回到了工作岗位上，并向医院的领导致歉，表示通过此事深刻懂得了作为医生必须要恪守职业操守，不能滥用职权随意开药，否则就是有损医德，也害了自己。经过了这些磨难，张某重新成为合格的爸爸，一家人再次幸福地生活在一起。

遗忘毒品，重启幸福人生

小杨出生在偏僻的小山村，生活条件十分艰苦。初中毕业的小杨，不愿意留在老家，便孤身来到了广州打工，希望可以通过自己的辛勤劳动，改善家庭生活条件,让家人过上更好的生活。小杨性格开朗、为人热情,到广州后,很快进入了一家外贸公司,做起了销售工作。

工作了一段时间后,小杨的业务水平有了很大提升。一次,小杨谈成了一笔600万元的订单,为公司带来了丰厚的利润。小杨也因此成了公司的焦点人物,得到了同事和领导们的称赞。公司领导觉得小杨十分具有潜力,决定晋升小杨为公司的销售经理,让其管理公司的销售工作。小杨的薪酬待遇也较之前高了很多。职位晋升后,小杨内心既欢喜又不安。为了谈成更多的大订单,出色地完成公司的销售业绩,小杨经常出去应酬,陪客户吃饭、喝酒、逛夜店……他也逐渐适应了灯红酒绿的生活。

某日,小杨和A公司的小李一起洽谈业务并相约一同吃晚饭。饭后,小李提出去夜总会娱乐一会儿,小杨为了谈成业务只得答应。喝过几杯酒后,大家都有些醉意,开始畅聊人生,其中一个名叫小雷的人说道:“人生苦短,要及时享受生活呀!”大家对小雷的话都表示赞同。小雷见大家赞同自己的观点,就拿出一些白色粉末要和大家分享。小杨看到大家吸食的样子,有些惊恐,也有些好奇。在他人的劝说下,小杨也禁不住诱惑尝了几口……

自那以后，小杨经常约朋友一起吸毒，寻找吸毒时的刺激感。吸毒使小杨丧失了工作斗志，公司利益再也不是小杨关心的事情，公司销售业绩直线下降。小杨的工作态度和工作表现引起了公司领导的注意。经调查，公司领导发现小杨把全部精力放在了吸毒上。为了帮助小杨，也为帮公司留住人才，公司领导多次找小杨谈话，劝说其戒掉毒品，早日回归正常的生活。面对领导的劝说，小杨每次都痛下决心、信心满满；可毒瘾一发作，小杨就会忍不住继续吸食。

公司领导长期劝解小杨无果。为了让小杨早日回头，不要毁掉自己的一生，公司领导将小杨送入了戒毒所。小杨进了戒毒所，没有办法再接触毒品了，只能硬着头皮坚持戒毒。在戒毒所里，小杨通过戒毒所工作人员的教育学到了很多关于毒品的知识，清楚地认识到了毒品的危害，也坚定了自己戒毒的决心。

历经千辛万苦，小杨终于成功地摆脱了毒品。小杨十分感谢公司领导对自己的劝解和帮助，在最危险的时刻挽救了自己。公司领导鼓励小杨今后要努力工作，以弥补之前给公司带来的损失。小杨心怀感激，为了报答公司领导的恩情，小杨工作十分努力，创下了一个又一个的销售奇迹。充实的工作让小杨再次感受到了生活的美好，小杨也学会了积极地面对生活和工作带来的压力。后来，小杨在广州买了房子，将自己的家人从老家接到了广州，和家人一起过着幸福美满的生活。

远离毒品，迎接美好生活

小勇出生于广东省广州市，从小就调皮捣蛋，加上父母工作繁忙，疏忽了对小勇的管教，小勇成了当地的“痞子王”。无论是亲人、朋友还是同学都不敢招惹他。父母知道后，开始对小勇严加管教，但小勇一受管教就离家出走，所以父母慢慢放弃了对小勇的管教，小勇就变得更加嚣张跋扈了。高中毕业后，小勇结识了一群街头小混混儿，他们没有正式工作，经常一起做偷偷摸摸的事儿，是派出所的常客。

一天，小勇和兄弟小刚在路边吃烧烤，突然走过来一个表情怪异的壮汉，毫不客气地和小勇他们坐在了一桌。聊了一会儿后，他们逐渐了解了这个名叫小龙的壮汉，三人也聊得熟络起来。饭后，小龙提议去一个好玩的地方。小勇和小刚十分好奇，决定跟着小龙去看看。一会儿，三人便来到了小龙说好玩的地方。这是一个地下舞厅，昏暗的灯光夹杂着轻微的酒气,还有一丝神秘感。小龙是这里的老板,招呼二人坐下,告知二人酒水可随意享用。小龙还给小勇和小刚点上烟。小龙告诉二人这是进口顶级香烟,国内买不到。之后,小勇每天都向小龙讨烟吸,小龙每次都痛快地给他一支。

后来小龙告诉小勇这种烟容易让人上瘾,因为含有大麻成分。小勇瞬间明白了,他决定不再触碰这种东西。但是,为时已晚,毒瘾已深入骨髓,小勇已难以自拔。而小龙的烟再也没有那么容易得到了,小勇只能出高价购买,自己没有钱就偷父母的。刚开始父母没有察觉。时间长了,父母察觉出了异样,他们不但发现了小勇偷钱,还发现了小勇吸毒。父母开始限制小勇出门,但毒瘾发作时的小勇像疯了一样,不顾一切地往外冲,还将父母撞倒在地。

迫于无奈,父母将小勇送入了戒毒所,他们不能眼看着儿子沦为废人。刚进戒毒所时,小勇有抵触情绪,他无法忍受毒瘾的折磨,特别容易暴躁、生气。后来,经过戒毒所工作人员的教育,小勇慢慢改变了,开始配合治疗。在戒毒所的日子里,小勇常常回想自己的经历,他发现自己之前不断地闯祸,几乎没做过有意义的事。小勇醒悟了,他决定重新做人,学一门手艺,用自己的双手努力创造出美好的生活,做一个充实、平凡的人。

小勇终于戒毒成功。回家后，他希望通过自己的努力开一家小餐厅。于是，小勇进入了一所职业技术学校学习烹饪。在校期间，小勇学习十分刻苦，进步很快，这让他信心倍增。小勇感觉戒毒后的生活很充实、多姿多彩。小勇的父母看到小勇戒毒后对生活的态度积极了很多，感到十分欣慰，也对之前放纵小勇的行为感到后悔和内疚。经过这件事，小勇和他的父母都对生活和责任有了新的认识，一家人决定好好生活，彼此依靠、彼此鼓励，让生活平淡而精彩。

关爱使她挣脱牢笼

小韩从小积极上进，非常招人喜爱。在家里，她乖巧、懂事，是让父母骄傲的孩子；在学校，她成绩优异，是同学的榜样；在单位，她是众多新员工中的精英。小韩很满意这样恬静美好的生活。

一个偶然的机会，小韩在一个交友软件上认识了小董。两个人有很多共同爱好，聊得投缘，有种相见恨晚的感觉。一段时间的热聊后，她们决定见面正式交个朋友。见了面之后，二人更是一见如故，她们的关系也越来越亲密了。熟络之后，小韩发现小董行事比较神秘,有时候会让人捉摸不透。

一天晚上,小董邀请小韩陪她参加一个聚会,说要带她认识更多的朋友,而且聚会很有趣。小韩毫不犹豫地答应了。一进门,所有人就围了上来,一个个都在问小董有没有带货。小韩当时觉得有点奇怪,但是也没有多想,以为小董是在做什么生意。渐渐地夜深了,小董嘱咐小韩不要早走,说后面会有惊喜,小韩便一直没有离开。过了一会儿,小董拿出一个装着白色粉末的袋子。大家都用一种期待的眼神看着这包东西。小董把这些粉末给每个人都分了一些,包括小韩。紧接着大家都吃了起来。面对这样陌生的场面,小韩顿时感到十分惶恐。小董就对小韩说这东西特别好。小韩并不相信,但是在小董和其他朋友的怂恿下,不知所措的她还是尝试了。

后来,小韩才知道小董是毒贩。但是,此时的小韩已离不开毒品。直到有一天,警察破门而入,她才突然从浑噩的梦中惊醒。小韩被送入了强制隔离戒毒所。在戒毒期间,小韩学习了很多与毒品相关的知识,更深刻地了解了吸毒的危害。在工作人员的引导和鼓励下,小韩成功度过了在戒毒过程中最艰难、最痛苦的时期。小韩的父母在知道小韩吸毒的事情后没有责备她,更多的是心疼和体谅。

戒毒所工作人员和家人的关爱与鼓励让小韩追悔莫及,她发誓一定要成功戒掉毒瘾、彻底远离毒品。后来,小韩积极配合戒毒工作,成功挣脱了毒品的牢笼。小韩从戒毒所出来后成为一名社区“禁毒大使”,宣传毒品的危害,呼吁大家一定要珍爱生命、远离毒品。小韩在经历过不慎落入毒网再从毒网挣脱出来的过程后,对人生有了更加深刻的认识,她感受到了生命的脆弱,体会到了真情的可贵,也意识到了交友一定要谨慎。

青年作家摆脱毒品再创辉煌

小张是一位非常优秀的青年女作家。大学期间,小张就经常在校内外的杂志上发表文章。大四实习时,有着行云流水般文笔的她被某杂志社提前录取,成了杂志社的编辑。一段时间后,为了潜心钻研自己的作品,她放弃了高薪职位,选择做一名自由作家。毕业 2 年内,小张不仅发表了很多文章,还出版了 3 部长篇小说,并且很多作品都深受读者的喜爱。短短 2 年,小张就拥有了很多忠实读者。小张在收获满满成就感的同时也感到了不小的压力,随着越来越多读者的关注,她开始担心自己的作品不能满足读者的期待。

就在这时,小张收到一封邮件,是一家大型娱乐公司看上了小张的文笔,想让她写一部关于青年励志故事的剧本。小张看到这个主题,灵感突现,她回顾自己曲折的奋斗历程,就是这样一个励志故事呀。于是,小张与公司协商了有关事宜后就全心投入创作。她在作品里融入了很多自己生活中的真实感受。她信心满满,认为这一定会是个完美的作品。仅一个多月,小张就完成了初稿,但小张把初稿交给公司时,却被否决了。公司认为她的作品内容空洞,缺乏跌宕起伏的故事情节。面对这样的评价,小张感到非常沮丧。她完全没想到付出诸多心血的作品居然就这样被否定了。令小张更为难过的是,她认为公司给出的修改意见完全是为了吸引眼球,并不真实,与自己的想法完全不一致。小张多次试图与对方沟通,但都无功而返。小张是一个纯真的作家,她希望自己的作品都是自由创作、表达真实感情的,她不想让自己的作品掺杂过多世俗的因素。面对公司这样那样的写作要求,小张感到力不从心。

几个月过去了,小张还是没有按期交稿,一筹莫展,她从来没有受过这样的打击。为了激发写作灵感,小张开始服用大麻刺激自己。小张知道大麻有依赖性,但是服用大麻确实能让自己兴奋起来,她心想反正只是写这部作品期间服用,等任务完成了就不吃了。然而,小张的想法太天真了,她已经不能靠意志抵制毒品了。她完全没想到大麻的危害这么大,而且服用大麻不仅没有激发创作灵感,反而严重拖垮了身体。由于精神状态欠佳,小张已经完全失去了创作的能力,积蓄也全用于购买毒品了。巨额的费用让小张无力承担,这时她才意识到自己误入歧途了。为了振作起来,她下定决心戒毒。在戒毒期间,小张无数次地想放弃,又无数次地挣扎着熬了过去,身体与灵魂作着无休止的斗争。这个痛苦的过程,小张都默默地记录了下来。

经过几个月的煎熬,小张成功地战胜了自己。小张从毒品的泥潭中走出来以后如获新生,还把自己写下的戒毒经历整理成书。更值得庆幸的是,这部青年戒毒血泪书成了非常畅销的作品,它教育了无数青少年,也警醒了无数即将误入歧途的人。从此,小张以一个全新的视角看待世界,又恢复了创作的热情。才华横溢的她陆续创作出了很多畅销的作品,成了一名优秀作家。

第四编　毒品与法

第一章　认识毒品犯罪

一、什么是毒品犯罪

毒品犯罪，是指涉及毒品的犯罪。根据《刑法》的相关规定，走私、贩卖、运输、制造、非法持有毒品等行为均为犯罪行为。界定毒品犯罪，首先，要明确这类犯罪所违反的是与毒品、毒品原植物、易制毒化学品管理相关的法律法规及司法解释等，而不是单指《刑法》；其次，毒品犯罪的定义应强调其应受处罚性；最后，毒品犯罪的行为方式也不宜在定义中明确表述，因为毒品管理法规所规定的各类犯罪均为毒品犯罪，没有必要在定义中刻意强调走私、贩卖、运输、制造毒品犯罪的行为。因此，一般认为，毒品犯罪的定义可表述为：毒品犯罪是指违反与毒品、毒品原植物和易制毒化学品管理相关的法规，破坏禁毒管制活动，依法应受刑事处罚的行为。

需要注意的是：盗窃、抢劫、抢夺毒品的行为，是否构成毒品犯罪呢？

例如,小李盗窃了某人的皮包。事后,小李被民警抓获。意外的是,该皮包内除有大量现金外,竟然藏有若干海洛因。那么,小李是否会涉及毒品犯罪呢?

小李构成盗窃罪,不构成毒品类的犯罪。盗窃、抢劫、抢夺毒品的行为,应该分别以盗窃罪、抢劫罪、抢夺罪定罪,且根据情节轻重予以量刑,不看毒品的数量。当然,如果盗取、抢劫、抢夺毒品后,又实施其他毒品犯罪,如将毒品卖掉,那么,就构成毒品犯罪了。应该与之前实施的盗窃罪等数罪并罚。

二、毒品犯罪的特点与趋势

日趋严重的毒品犯罪问题已经成为全球性的灾难,世界上没有哪一个国家和地区能够摆脱毒品之害。自20世纪50年代以来,人类目睹了毒品问题的全球化。近年来,全球的毒品犯罪问题又出现了一些新特点和新趋势。

第一,毒品种类增多,新类型毒品不断出现。虽然冰毒、海洛因仍作为主要毒品种类,但是仍有大量新的品种在不断地增加。

第二,发达国家吸毒人数居高不下,发展中国家吸毒者不断增加。因吸毒引发的犯罪日趋严重。

第三,孕妇、哺乳期妇女等参与毒品犯罪的现象在持续增长。在我国,孕妇、哺乳期妇女参与毒品犯罪的案件主要发生在西南地区,主要体现为以人体藏毒的方式运输毒品。人体藏毒一旦失败,将直接威胁生命安全。

第四,运毒手法多样化,查禁难度越来越大。贩毒分子为了逃避海关的检查,有的把毒品混在商品里,也有的藏在运输工具里,甚至一些贩毒人员把包装好的毒品吞进体内,企图蒙混过关。形形色色的运毒花样,令海关工作人员防不胜防。

第五,毒品犯罪呈现内外勾结的趋势。在我国,境外贩毒分子与我国贩毒分子相互勾结,形成制造、贩卖、运输、走私“一条龙”的毒品犯罪形式。

三、毒品犯罪的危害

毒品犯罪渐渐演变为社会的一颗“毒瘤”,与我国的发展思想背道而驰,必须予以遏制。毒品犯罪有什么危害呢?一般来说,可以归结为以下几个方面:破坏家庭幸福;损害人体健康;扰乱社会秩序。

首先,破坏家庭幸福。如果家庭中存在涉毒犯罪人员,对家庭则是摧毁性的打击。这样的家庭往往容易陷入经济破产、夫妻不合甚至家破人亡的境地，更加不利于未成年人的心理成长。

其次，损害人体健康。我国目前流行最广、危害最严重的毒品是海洛因，海洛因属于阿片类药物。经常吸食的人容易患糖尿病、心脏病、艾滋病等疾病，吸食过量会危及生命。毒品犯罪的终端受害者就是吸食毒品的人员。毒品犯罪如制造毒品、运输毒品、贩卖毒品等犯罪案件数量增多，必定使吸毒人数增加。那么，因毒品给人类健康带来的损害也必定加剧。

最后，扰乱社会秩序。很多违法活动都与毒品相关。如吸毒者为了可以长期稳定地吸食毒品，往往不惜铤而走险，以贩养吸，便从此走上犯罪道路，进一步扰乱了社会秩序、恶化了社会风气。

第二章　各种毒品犯罪

一、走私、贩卖、运输、制造毒品罪

什么是走私、贩卖、运输、制造毒品罪？

走私毒品，是指明知是毒品而非法将其运输、携带、邮寄进出国（边）境的行为；直接向走私人非法收购走私进口的毒品，或者在内海、领海运输、收购、贩卖毒品的，以走私毒品论处。贩卖毒品，是指明知是毒品而非法销售或者以贩卖为目的而非法收买毒品的行为。运输毒品，是指明知是毒品而采用携带、邮寄、利用他人或者使用交通工具等方法非法运送毒品的行为。制造毒品，是指非法用毒品原植物直接提炼或者用化学方法加工、配制毒品的行为。

走私、贩卖、运输、制造毒品罪是选择性罪名。凡实施了走私、贩卖、运输、制造毒品行为之一的，即以该行为确定罪名。实施了上述两种以上行为的,如运输、贩卖海洛因,则定为运输、贩卖毒品罪,不实行并罚。

运输、贩卖同一宗毒品的,毒品数量不重复计算;不是同一宗毒品的,毒品数量累计计算。

居间介绍买卖毒品的,无论是否获利,均以贩卖毒品罪的共犯论处。

走私毒品,又走私其他物品构成犯罪的,按走私毒品和构成的其他走私罪分别定罪,实行并罚。

此外,《刑法》第三百四十七条对于走私、贩卖、运输、制造毒品罪是这样规定的:"走私、贩卖、运输、制造毒品,无论数量多少,都应当追究刑事责任,予以刑事处罚。走私、贩卖、运输、制造毒品,有下列情形之一的,处十五年有期徒刑、无期徒刑或者死刑,并处没收财产:(一)走私、贩卖、运输、制造鸦片一千克以上、海洛因或者甲基苯丙胺五十克以上或者其他毒品数量大的;(二)走私、贩卖、运输、制造毒品集团的首要分子;(三)武装掩护走私、贩卖、运输、制造毒品的;(四)以暴力抗拒检查、拘留、逮捕,情节严重的;(五)参与有组织的国际贩毒活动的。走私、贩卖、运输、制造鸦片二百克以上不满一千克、海洛因或者甲基苯丙胺十克以上不满五十克或者其他毒品数量较大的，处七年以上有期徒刑，并处罚金。走私、贩卖、运输、制造鸦片不满二百克、海洛因或者甲基苯丙胺不满十克或者其他少量毒品的，处三年以下有期徒刑、拘役或者管制，并处罚金；情节严重的，处三年以上七年以下有期徒刑，并处罚金。单位犯第二款、第三款、第四款罪的，对单位判处罚金，并对其直接负责的主管人员和其他直接责任人员，依照各该款的规定处罚。利用、教唆未成年人走私、贩卖、运输、制造毒品，或者向未成年人出售毒品的，从重处罚。对多次走私、贩卖、运输、制造毒品，未经处理的，毒品数量累计计算。”

走私、贩卖、运输、制造毒品犯罪中的毒品是指什么？

小高平日里非常喜欢看新闻。一次，小高在看某个法治节目时，播出的是一起走私毒品的犯罪案件。在这个节目中，该案的犯罪分子走私的毒品是大麻。对此，小高非常疑惑，在他的印象中，一直认为毒品就只是海洛因。那么，走私、贩卖、运输、制造毒品犯罪中的毒品是指什么？

走私、贩卖、运输、制造毒品犯罪中的毒品，包括鸦片、海洛因、甲基苯丙胺(冰毒)、吗啡、大麻、可卡因以及国家规定的其他能够使人形成瘾癖的麻醉药品和精神药品。麻醉药品,是指对人的中枢神经有麻醉作用,连续使用、滥用或者不合理使用,易产生生理依赖和精神依赖,能成瘾癖的药品。精神药品,是指直接作用于中枢神经系统,使之兴奋或抑制,连续使用可以产生依赖性的药品。非经国家指定的部门按照规定的程序审批,任何单位和个人都不能进行麻醉药品和精神药品的生产、运输和供应,否则,都可能构成犯罪。

未满16周岁的青少年走私、贩卖、运输、制造毒品需要承担刑事责任吗?

小余15周岁,是某中学初中二年级的学生。平日里,小余和表哥沈某的关系非常好。一天,沈某告诉小余,自己最近要做一笔“大生意”,问小余是否要加入。经过询问,小余得知表哥要贩卖毒品。小余称这是违法行为,而沈某却说,小余还未满16周岁,即使贩卖毒品也不会承担法律责任。那么,未满16周岁的青少年走私、贩卖、运输、制造毒品需要承担法律责任吗?

《刑法》第十七条第二款规定："已满十四周岁不满十六周岁的人，犯故意杀人、故意伤害致人重伤或者死亡、强奸、抢劫、贩卖毒品、放火、爆炸、投放危险物质罪的，应当负刑事责任。"据此可知，青少年贩卖毒品，只要已满 14 周岁，就需要承担刑事责任。而对于走私、运输、制造毒品罪，只有满 16 周岁的，才需要承担刑事责任。因此，在上述案例中，小余表哥的说法是错误的，小余已满 15 周岁，如果其贩卖毒品，也要承担刑事责任。并且，青少年应谨记即使不承担刑事责任，也不能去做违法犯罪的事情。

利用未成年人走私毒品的，会处罚得更严重吗？

陈某利用去东南亚旅游的机会，欲走私些毒品。他怕自己携带容易暴露，就将毒品藏在自己年仅 8 周岁的儿子身上，结果还是被查了出来。那么，陈某的这种行为，属于从重处罚的情节吗？

《刑法》第三百四十七条第六款规定，利用、教唆未成年人走私、贩卖、运输、制造毒品，或者向未成年人出售毒品的，从重处罚。由此可见，陈某利用 8 岁的儿子走私毒品，属于走私毒品罪从重处罚的情节，会受到更为严重的处罚。

帮助朋友介绍毒品买卖的，是否会构成贩卖毒品罪呢？

小徐16周岁，经常和社会上的一些“朋友”来往。一天，小徐的一个“哥们儿”吴某给小徐发微信，告诉小徐他手上有毒品，如果小徐帮他介绍“客户”，就会分给小徐一部分利润。小徐非常心动。请问：若小徐帮助他人介绍买卖毒品，会构成贩卖毒品罪吗？

贩卖毒品，是指明知是毒品而非法销售或者以贩卖为目的而非法收买毒品的行为。贩卖方式既可以是公开的，也可以是不公开的；既可以是对方主动请求购买，也可以是对方被请求购买；既可以是间接交付给对方，也可以是直接交付给对方。在间接交付的场合，如果中间人明知道是毒品还是要帮忙转交给对方，则该中间人的行为也属于贩卖毒品，为贩卖毒品罪的共犯；如果中间人在不知是毒品的情况下转交给对方，就不会构成贩卖毒品罪。在上述的案例中，小徐明知道吴某要卖的是毒品，若还帮助其介绍他人购买，则小徐将成为贩卖毒品罪的共犯。根据《刑法》第二十五条第一款〔1〕

---

〔1〕《刑法》第二十五条第一款　共同犯罪是指二人以上共同故意犯罪。

及第三百四十七条[1]的规定，应当承担相应的法律责任。

收到毒品交易款项就成立贩卖毒品罪既遂吗？

某日，小周携带毒品入住A市D大厦酒店，后联系小夏寻找毒品下家。第二天晚上，小夏带着小刘来到了D大厦酒店，小周决定以15万元的价格出售手中的毒品，需小刘先支付毒品价款，才带小刘去取毒品。随后，小刘将15万元打入了小周的银行账户。在小周带小刘取毒品的途中，二人被警方抓获。小

---

〔1〕《刑法》第三百四十七条　走私、贩卖、运输、制造毒品，无论数量多少，都应当追究刑事责任，予以刑事处罚。

走私、贩卖、运输、制造毒品，有下列情形之一的，处十五年有期徒刑、无期徒刑或者死刑，并处没收财产：

（一）走私、贩卖、运输、制造鸦片一千克以上、海洛因或者甲基苯丙胺五十克以上或者其他毒品数量大的；

（二）走私、贩卖、运输、制造毒品集团的首要分子；

（三）武装掩护走私、贩卖、运输、制造毒品的；

（四）以暴力抗拒检查、拘留、逮捕，情节严重的；

（五）参与有组织的国际贩毒活动的。

走私、贩卖、运输、制造鸦片二百克以上不满一千克、海洛因或者甲基苯丙胺十克以上不满五十克或者其他毒品数量较大的，处七年以上有期徒刑，并处罚金。

走私、贩卖、运输、制造鸦片不满二百克、海洛因或者甲基苯丙胺不满十克或者其他少量毒品的，处三年以下有期徒刑、拘役或者管制，并处罚金；情节严重的，处三年以上七年以下有期徒刑，并处罚金。

单位犯第二款、第三款、第四款罪的，对单位判处罚金，并对其直接负责的主管人员和其他直接责任人员，依照各该款的规定处罚。

利用、教唆未成年人走私、贩卖、运输、制造毒品，或者向未成年人出售毒品的，从重处罚。

对多次走私、贩卖、运输、制造毒品，未经处理的，毒品数量累计计算。

周只是收到毒品交易款项,并未将毒品转交给小刘,小周成立贩卖毒品罪既遂吗?

贩卖毒品罪既遂与未遂的标准是毒品是否已经转移给了买方。对于贩卖毒品罪而言,既遂与否,看的不是毒品出卖人是否拿到了毒品交易款项或者其他利益,看的是毒品是否已经转移给了买方。小周虽然已经收到了15万元的毒品交易款项,但毒品尚未转移给小刘,所以小周的行为应认定为贩卖毒品罪未遂。

什么是运输毒品?与走私毒品有什么区别?

运输毒品具体表现为转移毒品的所在地,比如将毒品从A地运往B地。但我们应注意的是,从结果上并没有看出毒品所在地已经变更,但使毒品的所在地曾经发生了变化的行为,也是运输毒品。例如,行为人先将毒品从A地运往B地,由于某种原因,又将毒品运回A地的行为,属于运输毒品。

运输毒品仅仅限制在国内运输,而且不是在领海运输、内海运输国家禁止进出口的毒品。走私毒品是指违反国家毒品管理法规和海关法规,逃避海关监管,非法运输、携带、邮寄毒品进出国(边)境的行为。

运输毒品到目的地后，由于没人接货又运回原地的，也是犯罪既遂吗？

甲乙约定好由甲运输若干毒品前往A市，乙在A市接货。某日，甲如约运输毒品到达A市，但是等了好久也不见乙来接货。于是，甲不得不将毒品又运回原地。毋庸置疑，甲构成运输毒品罪，那么，这里是犯罪既遂还是未遂呢？

答案是犯罪既遂。运输毒品罪的既遂标准，就是看所运输的毒品是否到达目的地。如果没有到达目的地，就为未遂。如果已经到达目的地，但是出于某种原因而将毒品运回原地或者又运往别处，也是犯罪既遂。

帮助他人邮寄毒品，需要承担刑事责任吗？

小石17周岁，是某中学高中三年级的学生。小石在一个微信群中认识了于某，两人相谈甚欢，称兄道弟，关系非常好。一天，于某给小石打电话，称自己在外地出差，需要小石帮忙邮寄一点儿货物给客户，并告诉小石货物是毒品。小石二话没说就答应了。小石觉得自己邮寄的毒品只有几克，是不需要承担法律责任的。请问小石帮助他人邮寄毒品，是否会构成犯罪呢？

运输毒品，是指明知是毒品而采用携带、邮寄、利用他人或者使用交通工具等方法非法运送毒品的行为。根据《刑法》第三百四十七条第一款的规定，走私、贩卖、运输、制造毒品，无论数量多少，都应当追究刑事责任。因此，在上述案例中，虽然小石帮助邮寄的毒品只有几克，但是他明知道是毒品，仍然帮忙邮寄，此行为已经构成运输毒品罪。所以，小石是需要承担刑事责任的。

为他人到国外“代购”毒品，是否会构成犯罪？

小星在高考结束之后，准备和父母一同到国外旅游。临行前，小星的一个朋友找到他，请求小星帮忙在外国代购一些毒品回来。但是，小星觉得购买毒品是违法行为，因此拒绝了朋友的请求。那么，请问如果小星为朋友“代购”毒品，是否会构成犯罪呢？

《最高人民检察院、公安部关于公安机关管辖的刑事案件立案追诉标准的规定（三）》第一条第四款规定：“有证据证明行为人以牟利为目的，为他人代购仅用于吸食、注射的毒品，对代购者以贩卖毒品罪立案追诉。不以牟利为目的，为他人代购仅用于吸食、注射的毒品，毒品数量达到本规定第二条规定的数量标准的，对托购者和代购者以非法持有毒品罪立案追诉。明知他人实施毒品犯罪而为其居间介绍、代购代卖的，无论是否牟利，都应以相关毒品犯罪的共犯立案追诉。”据此可知，为他人代购毒品，无论是否以牟利为目的，都会构成犯罪，需要承担刑事责任。因此，青少年一定要时刻保持警惕，远离毒品，以免走上违法犯罪的道路。

携带未知物品回国，逃避海关检查，事后得知携带的是毒品，是否可以认定为“应当知道”是走私、贩卖、运输毒品？

小罗和小明是同校留学生。某次期末，小明打算回国休假，小罗委托小明将一份神秘包裹带给国内的小王，而且告诉小明要尽量避免海关检查，以防交税。小明没多想，答应了小罗。小明将神秘包裹贴身放置，以逃避海关检查，但神秘包裹还是被海关查获了。原来神秘的包裹里面装的是毒品。事发之前，小明并不知道包裹里面装的是什么，也没想到小罗利用自己运毒。那么，小明的行为是否可以认定为“应当知道”是走私、贩卖、运输毒品呢？

对于走私、贩卖、运输毒品行为来说，行为人应明知自己走私、贩卖、运输的是毒品。

《最高人民检察院、公安部关于公安机关管辖的刑事案件立案追诉标准的规定(三)》第一条第八款规定,走私、贩卖、运输毒品主观故意中的“明知”,是指行为人知道或者应当知道所实施的是走私、贩卖、运输毒品行为。具有下列情形之一,结合行为人的供述和其他证据综合审查判断,可以认定其“应当知道”,但有证据证明确属被蒙骗的除外:(1)执法人员在口岸、机场、车站、港口、邮局和其他检查站点检查时,要求行为人申报携带、运输、寄递的物品和其他疑似毒品物,并告知其法律责任,而行为人未如实申报,在其携带、运输、寄递的物品中查获毒品的;(2)以伪报、藏匿、伪装等蒙蔽手段逃避海关、边防等检查,在其携带、运输、寄递的物品中查获毒品的;(3)执法人员检查时,有逃跑、丢弃携带物品或者逃避、抗拒检查等行为,在其携带、藏匿或者丢弃的物品中查获毒品的;(4)体内或者贴身隐秘处藏匿毒品的;(5)为获取不同寻常的高额或者不等值的报酬为他人携带、运输、寄递、收取物品,从中查获毒品的;(6)采用高度隐蔽的方式携带、运输物品,从中查获毒品的;(7)采用高度隐蔽的方式交接物品,明显违背合法物品惯常交接方式,从中查获毒品的;(8)行程路线故意绕开检查站点,在其携带、运输的物品中查获毒品的;(9)以虚假身份、地址或者其他虚假方式办理托运、寄递手续,在托运、寄递的物品中查获毒品的;(10)有其他证据足以证明行为人应当知道的。

小明在主观上并不知道自己携带的是毒品,结合供述和其他证据,小明的行为很可能不被认定为应当知道是走私、贩卖、运输毒品。

哪些属于制造毒品的行为？哪些情形应认定为应当知道自己制造的是毒品？

小华16周岁,在初中毕业后,因没有考上高中,便放弃继续学习,经常与社会上的一些闲散人员混在一起。一天,小华的哥们儿任某找到他,让小华帮自己制造毒品。小华认为这是犯罪,会坐牢的。而任某称,如果被发现,就让小华说不知道自己制造的是毒品,就不会被追究刑事责任。请问哪些属于制造毒品的行为？哪些情形应认定为应当知道自己制造的是毒品？

制造毒品,一般是指使用毒品原植物直接提炼或者用化学方法加工、配置而制作成毒品的行为。它包括以下几种情况:

一是将毒品以外的物作为原料,提炼加工成毒品,如将罂粟制成鸦片。

二是利用物理方法将毒品精制,即去掉毒品中的不纯物,使之成为纯毒品或纯度更高的毒品。如去除海洛因中所含的杂物。

三是使用化学方法使一种毒品变为另一种毒品。如使用化学方法将吗啡制作成海洛因。

四是使用除了化学方法以外的方法使一种形态的毒品变为另一种形态毒品。如将盐酸吗啡与蒸馏水混合在一起,使之成为注射液。

五是非法按照一定的处方,针对特定人的特定情况调制毒品。

根据《最高人民检察院、公安部关于公安机关管辖的刑事案件立案追诉标准的规定(三)》第一条第九款的规定,有下列情形之一,结合行为人的供述和其他证据综合审查判断,可以认定其"应当知道",所实施的是制造毒品行为,但有证据证明确属被蒙骗的除外:(1)购置了专门用于制造毒品的设备、工具、制毒物品或者配制方案的;(2)为获取不同寻常的高额或者不等值的报酬为他人制造物品,经检验是毒品的;(3)在偏远、隐蔽场所制造,或者采取对制造设备进行伪装等方式制造物品,经检验是毒品的;(4)制造人员在执法人员检查时,有逃跑、抗拒检查等行为，在现场查获制造出的物品，经检验是毒品的；(5)有其他证据足以证明行为人应当知道的。由此可见，在上述案例中，即便小华在被警方抓获时说自己不知道制作的是毒品，也是会构成制造毒品罪。所以，只要其符合上述规定的情形之一，就会被认定为“应当知道”所实施的是制造毒品行为，需要承担刑事责任。

制造出来的毒品纯度不高，是犯罪未遂吗？

张某想靠制作毒品发财，于是开始研究制作方法。经过一番钻研后，他开始制造毒品。但是，由于技术不成熟，其制作出来的毒品纯度不高，没有销路。那么，如给张某定罪，是制造毒品罪未遂吗？

张某应为制造毒品罪既遂。制造毒品罪的既遂标准，是以实际上制造出毒品为既遂标准；至于制造出来的毒品纯度高低、数量多少，都不影响该罪既遂的成立。张某已经制造出毒品，不能因为毒品的纯度不高就认定为犯罪未遂。

对毒品进行掺假的行为是否属于制造毒品的行为？

小吴既制造毒品，又贩卖毒品。某日，小吴接到了小王的电话,小王想在小吴处购买毒品500克。为了增加毒品的重量,赚取更多的利润,小吴将某些非毒品物质加入毒品中,对毒品进行掺假。后小吴和小王在交易过程中被警方抓获。那么,小吴对毒品进行掺假的行为是否属于制造毒品的行为呢?

《最高人民检察院、公安部关于公安机关管辖的刑事案件立案追诉标准的规定(三)》第一条第六款规定,本条规定的"制造"是指非法利用毒品原植物直接提炼或者用化学方法加工、配制毒品,或者以改变毒品成分和效用为目的,用混合等物理方法加工、配制毒品的行为。为了便于隐蔽运输、销售、使用、欺骗购买者,或者为了增重,对毒品掺杂使假,添加或者去除其他非毒品物质,不属于制造毒品的行为。由此可知,对毒品进行掺假的行为不属于制造毒品的行为。因此,小吴为了增加毒品的重量,在毒品中掺入非毒品物质的行为,不属于制造毒品的行为。但是,这并不能排除小吴制毒、贩毒的罪行,他仍然会受到法律的惩罚。

对于同时实施走私、贩卖、运输、制造毒品等多项毒品犯罪行为的,应如何处罚?

2022年5月下旬,小林提供原材料,小勇、小刚提供辅料及玻璃瓶等物品，在小刚租住的出租屋内制造毒品。三人共制造毒品 2 千克，后进行贩卖。同年 5 月 30 日，小何向三人购买毒品 1 千克。6 月 4 日，小虎在小何处购买毒品 1 千克。小虎在返回途中被警方抓获。警方当场查获小虎购买的毒品 1 千克，并同时抓获了小林、小勇、小刚三人。那么，小林、小勇、小刚既制造了毒品，又贩卖了毒品，且都有证据证明，法院应以何种罪名对其进行处罚呢？

《最高人民检察院、公安部关于公安机关管辖的刑事案件立案追诉标准的规定（三）》第一条第十款规定，走私、贩卖、运输、制造毒品罪是选择性罪名，对同一宗毒品实施了两种以上犯罪行为，并有相应确凿证据的，应当按照所实施的犯罪行为的性质并列适用罪名，毒品数量不重复计算。对同一宗毒品可能实施了两种以上犯罪行为，但相应证据只能认定其中一种或者几种行为，认定其他行为的证据不够确实充分的，只按照依法能够认定的行为的性质适用罪名。对不同宗毒品分别实施了不同种犯罪行为的，应对不同行为并列适用罪名，累计计算毒品数量。综上可知，如果一个自然人走私、贩卖、运输同一批毒品，该毒品共计 1 千克，并都有证据证明，那么，该自然人就构成走私、贩卖、运输毒品罪,毒品数量按 1 千克计算。如果一个自然人对 1 千克毒品实施了两种不同的犯罪行为,但只有一种犯罪行为有证据证明罪名成立,其他犯罪行为无充足的证据证明,则只按照有证据证明的犯罪行为定罪。如一个人既实施了走私毒品行为,又实施了贩卖毒品行为,但只有走私毒品行为有充分证据证明,贩卖毒品行为未找到充分证据,则只能认定走私毒品罪成立。如果一个自然人对不同批次的毒品进行不同的犯罪行为,应对不同的犯罪行为并列适用罪名,毒品数量累计计算。例如,行为人对 100 克冰毒实施了运输行为,又对另外的 200 克鸦片实施了贩卖行为,且都有证据证明前述犯罪事实成立,则行为人构成运输、贩卖毒品罪,毒品数量按 100 克冰毒和 200 克鸦片计算。

本案中,小林、小勇、小刚属于共同犯罪,他们既实施了制造毒品的行为,又实施了贩卖毒品的行为,且毒品是同一批毒品,有证据证明两种犯罪事实。因此,三人成立制造、贩卖毒品罪,毒品数量为 2 千克。

被警方抓获后,犯罪嫌疑人得知走私、贩卖、运输的毒品是假的。该犯罪嫌疑人的行为构成走私、贩卖、运输毒品罪吗?

小胡携带毒品乘坐飞机从国外某地抵达国内某

机场,其在通过海关时,未申报任何物品。海关工作人员也未检测出其携带了毒品。后小胡将毒品运到了广西壮族自治区,并打算卖给小高。小胡和小高在进行毒品交易时被警方抓获。经检验,小胡贩卖的毒品是假毒品。那么,小胡以为自己走私、贩卖、运输的是真毒品,但实际为假毒品,其走私、贩卖、运输毒品罪成立吗?

如果行为人明知是假毒品,还故意将假毒品卖给他人,以诈骗罪对其定罪处罚。如果行为人不知自己走私、贩卖、运输的是假毒品,而将其当作真毒品走私、贩卖、运输,应以走私、贩卖、运输毒品罪未遂对其定罪处罚。由此可见,小胡不能以自己实际走私、贩卖、运输的是假毒品为由而逃脱法律的制裁。小胡主观上有走私、贩卖、运输毒品的故意,其行为构成走私、贩卖、运输毒品罪未遂。

再犯走私、贩卖、运输、制造毒品罪的,会从重处罚吗?

谭某曾经因为运输毒品罪进过监狱。出狱后,谭某因找工作处处碰壁,于是又干起了毒品犯罪的行当。那么,一旦谭某被警方抓获,是不是会处罚得更严重呢？

答案是肯定的。《刑法》第三百五十六条规定了毒品犯罪的再犯的问题："因走私、贩卖、运输、制造、非法持有毒品罪被判过刑，又犯本节规定之罪的，从重处罚。"也就是说，因走私、贩卖、运输、制造毒品罪受到刑罚后再犯的，会从重处罚。

二、非法持有毒品罪

什么是非法持有毒品罪？

欲了解什么是非法持有毒品罪，应先了解什么是非法持有毒品。根据《最高人民检察院、公安部关于公安机关管辖的刑事案件立案追诉标准的规定（三）》第二条第三款的规定，非法持有毒品，是指违反国家法律和国家主管部门的规定，占有、携带、藏有或者以其他方式持有毒品。由此可见，非法持有毒品，关键在于"非法"二字，即"违反国家法律和国家主管部门的规定"。

非法持有毒品罪，是指违反毒品管理的相关法律法规，持有鸦片、海洛因、冰毒或者其他毒品，数量较大的行为。需要注意的是，持有的毒品需要达到一定的数量才能构成非法持有毒品罪。如根据《刑法》第三百四十八条[1]的规定，非法持有鸦片 200 克以上、海洛因或者甲基苯丙胺 10 克以上或者其他毒品数量较大的，构成此罪，才能给予刑事处罚。

因走私等毒品犯罪而持有毒品的，还构成非法持有毒品罪吗？

毋庸置疑，对于走私、贩卖、运输、制造毒品来说，肯定要持有毒品。在司法实践中，如果能够查明行为人具有走私、贩卖、运输、制造毒品的行为，则不以非法持有毒品罪论处，而是相应地以走私、贩卖、运输、制造毒品罪论处。只有对那些当场查获的非法持有毒品数量较大的，又不能查证其具有走私、贩卖、运输、制造毒品或者窝藏毒品的行为的，才能以非法持有毒品罪论处。

对非法持有毒品罪的处罚有哪些？

根据《刑法》第三百四十八条的规定，非法持有鸦片 1 千克以上、海洛因或者甲基苯丙胺 50 克以上

[1] 《刑法》第三百四十八条　非法持有鸦片一千克以上、海洛因或者甲基苯丙胺五十克以上或者其他毒品数量大的，处七年以上有期徒刑或者无期徒刑，并处罚金；非法持有鸦片二百克以上不满一千克、海洛因或者甲基苯丙胺十克以上不满五十克或者其他毒品数量较大的，处三年以下有期徒刑、拘役或者管制，并处罚金；情节严重的，处三年以上七年以下有期徒刑，并处罚金。

或者其他毒品数量大的,处 7 年以上有期徒刑或者无期徒刑,并处罚金。根据《最高人民法院关于审理毒品犯罪案件适用法律若干问题的解释》第一条的规定,《刑法》第三百四十八条规定的“其他毒品数量大”是指:

(1)可卡因 50 克以上;

(2)3,4-亚甲二氧基甲基苯丙胺(MDMA)等苯丙胺类毒品(甲基苯丙胺除外)、吗啡 100 克以上;

(3)芬太尼 125 克以上;

(4)甲卡西酮 200 克以上;

(5)二氢埃托啡 10 毫克以上;

(6)哌替啶(度冷丁)250 克以上;

(7)氯胺酮 500 克以上;

(8)美沙酮 1 千克以上;

(9)曲马多、γ-羟丁酸 2 千克以上;

(10)大麻油 5 千克、大麻脂 10 千克、大麻叶及大麻烟 150 千克以上;

(11)可待因、丁丙诺啡 5 千克以上;

(12)三唑仑、安眠酮 50 千克以上;

(13)阿普唑仑、恰特草 100 千克以上;

(14)咖啡因、罂粟壳 200 千克以上;

(15)巴比妥、苯巴比妥、安钠咖、尼美西泮 250

千克以上；

（16）氯氮卓、艾司唑仑、地西泮、溴西泮 500 千克以上；

（17）上述毒品以外的其他毒品数量大的。

此外，根据《刑法》第三百四十八条的规定，非法持有鸦片 200 克以上不满 1 千克、海洛因或者甲基苯丙胺 10 克以上不满 50 克或者其他毒品数量较大的，处 3 年以下有期徒刑、拘役或者管制，并处罚金。根据《最高人民法院关于审理毒品犯罪案件适用法律若干问题的解释》第二条的规定，《刑法》第三百四十八条规定的“其他毒品数量较大”是指：

（1）可卡因 10 克以上不满 50 克；

（2）3，4-亚甲二氧基甲基苯丙胺（MDMA）等苯丙胺类毒品（甲基苯丙胺除外）、吗啡 20 克以上不满 100 克；

（3）芬太尼 25 克以上不满 125 克；

（4）甲卡西酮 40 克以上不满 200 克；

（5）二氢埃托啡 2 毫克以上不满 10 毫克；

（6）哌替啶（度冷丁）50 克以上不满 250 克；

（7）氯胺酮 100 克以上不满 500 克；

（8）美沙酮 200 克以上不满 1 千克；

（9）曲马多、γ-羟丁酸 400 克以上不满 2 千克；

（10）大麻油1千克以上不满5千克、大麻脂2千克以上不满10千克、大麻叶及大麻烟30千克以上不满150千克；

（11）可待因、丁丙诺啡1千克以上不满5千克；

（12）三唑仑、安眠酮10千克以上不满50千克；

（13）阿普唑仑、恰特草20千克以上不满100千克；

（14）咖啡因、罂粟壳40千克以上不满200千克；

（15）巴比妥、苯巴比妥、安钠咖、尼美西泮50千克以上不满250千克；

（16）氯氮卓、艾司唑仑、地西泮、溴西泮100千克以上不满500千克；

（17）上述毒品以外的其他毒品数量较大的。

《刑法》第三百四十八条还规定，非法持有毒品情节严重的，处3年以上7年以下有期徒刑，并处罚金。此外，根据《刑法》第三百五十六条的规定，因走私、贩卖、运输、制造、非法持有毒品罪被判过刑，又犯非法持有毒品罪的，从重处罚。

15周岁少年非法持有毒品，需要负刑事责任吗？

一年夏天，15周岁的小强受表哥之托，替他保管了一份神秘的包裹。后来,小强得知表哥在贩毒,替表哥保管的那个包裹里面是毒品。表哥被通缉了,小强很害怕,害怕自己也会因帮表哥保管过毒品而承担刑事责任。那么,如果非法持有毒品的人只有 15 周岁,需要承担刑事责任吗?

对于非法持有毒品罪来讲,达到刑事责任年龄且具有刑事责任能力的自然人即可以成为此罪的主体,即有非法持有毒品行为的,就构成非法持有毒品罪。但是,这里的刑事责任年龄是 16 周岁,即《刑法》第十七条第一款规定:"已满十六周岁的人犯罪,应当负刑事责任。"因此,如果 15 周岁的青少年非法持有毒品,则不需要承担刑事责任。小强不必紧张害怕,应当积极配合公安机关的工作。

不知自己持有的是毒品,成立非法持有毒品罪吗?

小贾的父亲临终前给了小贾一个盒子,并嘱咐小贾将盒子放在隐蔽的地方,谁也不能打开。小贾遵从父亲的遗愿,将盒子放在了床底下,任何人没打开过。有一天,小贾家进了小偷,小偷将盒子偷走了。小贾报警找回了盒子,但警方告知该盒子内装的是毒品。那么,之前小贾并不知道盒子里装的是毒品,小贾构成非法持有毒品罪吗?

根据《最高人民检察院、公安部关于公安机关管辖的刑事案件立案追诉标准的规定(三)》第二条第四款的规定,非法持有毒品主观故意中的“明知”,是指行为人知道或者应当知道自己持有的是毒品。即非法持有毒品罪要求行为人必须明知自己持有的是毒品,其还故意持有。如果行为人不知道自己持有的是毒品,其持有行为不构成非法持有毒品罪。例如,儿子将装有毒品的大衣交给母亲保管,母亲对于毒品并不知情,于情于理,母亲的保管行为不成立非法持有毒品罪。小贾并不知道父亲留下的盒子内装的是毒品,所以其持有盒子及内含物的行为不成立非法持有毒品罪。

三、窝藏、转移、隐瞒毒品、毒赃罪

什么是窝藏、转移、隐瞒毒品、毒赃罪?

根据相关规定,窝藏、转移、隐瞒毒品、毒赃罪,是指明知是毒品或者毒品犯罪所得的财物而为犯罪分子窝藏、转移、隐瞒的行为。

所谓“窝藏”是指将犯罪分子的毒品、毒赃藏在自己的住所或者其他隐蔽的场所,以逃避司法机关的追查。

所谓“转移”主要是指将犯罪分子的毒品、毒赃从一地转移到另一地，以抗拒司法机关对毒品、毒赃的追缴，帮助犯罪分子逃避法律的制裁，或者便于犯罪分子进行毒品交易等犯罪活动。

所谓“隐瞒”是指在司法机关询问调查有关犯罪分子的情况时，明知犯罪分子的毒品、毒赃藏在某处，而有意对司法机关进行隐瞒。

窝藏、转移、隐瞒毒品、毒赃的行为，不仅可以帮助犯罪分子隐匿罪证，妨害司法机关的调查取证，便于犯罪分子逃避法律的制裁，还可以为犯罪分子继续实施毒品犯罪提供便利条件。因此，窝藏、转移、隐瞒毒品、毒赃的犯罪行为具有严重的社会危害性，应依法予以惩处。此外，本罪的主体为一般主体，即凡是达到刑事责任年龄（年满16周岁）且具有刑事责任能力，实施了窝藏、转移、隐瞒毒品、毒赃的人，均可构成本罪。

窝藏、转移、隐瞒毒品、毒赃罪的刑事处罚是什么？

根据《刑法》第三百四十九条第一款的规定，为犯罪分子窝藏、转移、隐瞒毒品或者犯罪所得的财物的，处3年以下有期徒刑、拘役或者管制；情节严重的，处3年以上10年以下有期徒刑。这里的“情节严重”,根据《最高人民法院关于审理毒品犯罪案件适用法律若干问题的解释》第六条第二款的规定,是指具有下列情形之一的:(1)为犯罪分子窝藏、转移、隐瞒毒品达到《刑法》第三百四十七条第二款第一项[1]或者该解释第一条第一款规定的“数量大”标准的[2];(2)为犯罪分子窝藏、转移、隐瞒毒品犯罪所得的财物价值达到5万元以上的;(3)为多人或者多次为他人窝藏、转移、隐瞒毒品或者毒品犯罪所得的财物的;(4)严重妨害司法机关对该犯罪分子实施的毒品犯罪进行追究的;(5)其他情节严重的情形。该解

---

〔1〕《刑法》第三百四十七条第二款第一项 (一)走私、贩卖、运输、制造鸦片一千克以上、海洛因或者甲基苯丙胺五十克以上或者其他毒品数量大的;

〔2〕“数量大”标准为:

“(一)可卡因五十克以上;

(二)3,4-亚甲二氧基甲基苯丙胺(MDMA)等苯丙胺类毒品(甲基苯丙胺除外)、吗啡一百克以上;

(三)芬太尼一百二十五克以上;

(四)甲卡西酮二百克以上;

(五)二氢埃托啡十毫克以上;

(六)哌替啶(度冷丁)二百五十克以上;

(七)氯胺酮五百克以上;

(八)美沙酮一千克以上;

(九)曲马多、γ-羟丁酸二千克以上;

(十)大麻油五千克、大麻脂十千克、大麻叶及大麻烟一百五十千克以上;

(十一)可待因、丁丙诺啡五千克以上;

(十二)三唑仑、安眠酮五十千克以上;

(十三)阿普唑仑、恰特草一百千克以上;

(十四)咖啡因、罂粟壳二百千克以上;

(十五)巴比妥、苯巴比妥、安钠咖、尼美西泮二百五十千克以上;

(十六)氯氮卓、艾司唑仑、地西泮、溴西泮五百千克以上;

(十七)上述毒品以外的其他毒品数量大的。”

释第六条第三款还规定:“为其窝藏、转移、隐瞒毒品或者毒品犯罪所得的财物,不具有本条前两款规定的‘情节严重’情形,归案后认罪、悔罪、积极退赃,且系初犯、偶犯,犯罪情节轻微不需要判处刑罚的,可以免予刑事处罚。”

此外,根据《刑法》第三百四十九条第三款、第三百五十六条的规定,犯窝藏、转移、隐瞒毒品、毒赃罪,事先通谋的,以走私、贩卖、运输、制造毒品罪的共犯论处。因走私、贩卖、运输、制造、非法持有毒品罪被判过刑,又犯窝藏、转移、隐瞒毒品、毒赃罪的,从重处罚。

窝藏、转移、隐瞒毒品、毒赃罪的成立要求行为人“明知”是毒品吗?

小龙将200克毒品密封于一个盒子内,并将其携带到小于的住处,要求小于为其保管该盒子,且不能打开该盒子。小于答应后,将该盒子藏匿于自家卫生间的天花板上。后小龙因贩卖毒品被公安机关抓获,警方通过讯问得知,小龙在小于处藏匿了200克毒品。小于这才知道小龙要求藏在自家的盒子里面装的是毒品。那么,小于的行为是否属于窝藏毒品罪呢?

根据我国法律规定,窝藏、转移、隐瞒毒品、毒赃罪要求行为人明知是毒品或毒赃,还故意对毒品或毒赃进行窝藏、转移、隐瞒。如果行为人不知道自己窝藏、转移、隐瞒的是毒品,则不能认定行为人构成窝藏、转移、隐瞒毒品、毒赃罪。除此之外,事先通谋的,以走私、贩卖、运输、制造毒品罪的共犯论处。由于小于并不知道藏匿于自己家中的盒子内装的是毒品,所以其帮助小龙藏匿盒子的行为不构成窝藏毒品罪。

毒品数量对窝藏、转移、隐瞒毒品、毒赃罪的立案标准有影响吗?

在某酒店,警方抓获了正在进行毒品交易的小郑、小翁和小沈,并当场缴获毒品 300 克、毒资 3 万元。警方查明,小沈明知小郑在酒店客房内贩卖毒品,依旧多次为小郑在酒店免费开房,帮小郑藏匿毒品。而小郑不但多次在酒店内贩毒,还与小沈一起多次在酒店内吸食毒品。小沈多次为小郑提供处所藏匿毒品,且藏匿的毒品数量无法计算,请问,这会对窝藏、转移、隐瞒毒品、毒赃罪的立案标准造成影响吗?

《最高人民检察院、公安部关于公安机关管辖的刑事案件立案追诉标准的规定(三)》第四条第一款规定:"为走私、贩卖、运输、制造毒品的犯罪分子窝藏、转移、隐瞒毒品或者犯罪所得的财物的，应予立案追诉。”可知，窝藏、转移、隐瞒毒品、毒赃的立案标准并不在于毒品数量和毒赃数额，而在于是否实施了窝藏、转移、隐瞒毒品、毒赃的行为。此外，实施窝藏、转移、隐瞒毒品、毒赃行为，事先通谋的，以走私、贩卖、运输、制造毒品罪的共犯立案追诉。

需要注意的是，在司法实践中，窝藏、转移、隐瞒毒品、毒赃罪的认定还应结合具体案情来分析，并不是所有的窝藏、转移、隐瞒毒品、毒赃的行为都会被处以刑罚。如果行为人窝藏、转移、隐瞒的毒品数量非常少、毒赃的数额非常低，不具有法律规定的“情节严重”情形，归案后认罪、悔罪、积极退赃，且系初犯、偶犯，犯罪情节轻微不需要判处刑罚的，可以免予刑事处罚。

本案中，小沈多次为小郑窝藏毒品，累计窝藏毒品的具体数量虽不清楚，但不影响窝藏、转移、隐瞒毒品、毒赃罪的成立。

何为窝藏、转移、隐瞒毒品、毒赃罪的毒赃和非法利益所得？

小刘因贩卖毒品获得赃款 30 万元。小刘用这 30 万元赃款在某镇盖了一所住房，并将该住房出租给小吴使用，共获得租金 2 万元。后小刘因贩卖毒品案发被警方抓获。那么，小刘贩卖毒品所获的 30 万元和出租房屋所获的 2 万元是否都属于毒赃呢？

毒赃是犯罪分子因实施毒品犯罪而得到的财物，以及因此获取的非法收益。与毒品犯罪相关的非法利益所得，是指利用毒品犯罪行为而获取的财物从事经营活动所获取的财物，以及投资获取的利益，如利息、股息、红利等。与毒品犯罪相关的非法利益所得还包括用毒品犯罪所得购买或建造的房产、经营的工厂或公司等。上述财物必须是毒品犯罪分子进行毒品犯罪所获得的；如果是通过其他犯罪所得，构成窝赃罪。

小刘因贩卖毒品获得的赃款 30 万元属于窝藏、转移、隐瞒毒品、毒赃罪的毒赃，而小刘用 30 万元赃款建造的房屋以及因出租房屋而获取的 2 万元租金属于非法利益所得。

四、包庇毒品犯罪分子罪

什么是包庇毒品犯罪分子罪？哪些情形构成包庇毒品犯罪分子？

2021 年 12 月至 2022 年 1 月，小海多次参与买卖毒品。其参与交易的银行卡是亲戚小莉的银行卡。小莉对小海使用其银行卡做什么并不知情。后来，小海被警察抓获。小莉得知小海因贩毒被抓获后，在警察没有掌握银行卡的事情之前将银行卡进行了销户。那么，小莉的行为是否构成包庇毒品犯罪分子罪呢？

包庇毒品犯罪分子罪，是指行为人明知某人是走私、贩卖、运输、制造毒品的犯罪分子，依旧实施毁灭其犯罪证据，或向司法机关作虚假证明帮助犯罪分子掩盖罪行，逃避法律制裁的犯罪行为。

《最高人民检察院、公安部关于公安机关管辖的刑事案件立案追诉标准的规定（三）》第三条规定，包庇走私、贩卖、运输、制造毒品的犯罪分子，涉嫌下列情形之一的，应予立案追诉：（1）作虚假证明，帮助掩盖罪行的；（2）帮助隐藏、转移或者毁灭证据的；（3）帮助取得虚假身份或者身份证件的；（4）以其他方式包庇犯罪分子的。实施上述规定的行为，事先通谋的，以走私、贩卖、运输、制造毒品罪的共犯立案追诉。综上，可以看出，上述四种情形应被认定为包庇毒品犯罪分子的行为。实际生活中，明知警方正在抓捕的是走私、贩卖、运输、制造毒品的犯罪分子，仍向犯罪分子提供经济帮助或者其他便利，帮助其潜逃的，也属于包庇毒品犯罪分子的行为。小莉明知小海是贩卖毒品的犯罪分子，还帮助其毁灭罪证，帮助其逃避法律制裁，小莉的行为已构成了包庇毒品犯罪分子罪。

《刑法》第三百四十九条第一款、第二款规定，包庇走私、贩卖、运输、制造毒品的犯罪分子的，为犯罪分子窝藏、转移、隐瞒毒品或者犯罪所得的财物的，处3年以下有期徒刑、拘役或者管制；情节严重的[1]，处3年以上10年以下有期徒刑。缉毒人员或者其他国家机关工作人员掩护、包庇走私、贩卖、运输、制造毒品的犯罪分子的，依照窝藏、转移、隐瞒毒品、毒赃罪的规定从重处罚。

过失包庇毒品犯罪分子，构成包庇毒品犯罪分子罪吗？

小李来到好友小罗的家乡偷偷购买毒品海洛因300克，并在本地进行贩卖。小李告诉小罗，自己是

---

〔1〕《最高人民法院关于审理毒品犯罪案件适用法律若干问题的解释》第六条第一款　包庇走私、贩卖、运输、制造毒品的犯罪分子，具有下列情形之一的，应当认定为刑法第三百四十九条第一款规定的“情节严重”：

（一）被包庇的犯罪分子依法应当判处十五年有期徒刑以上刑罚的；

（二）包庇多名或者多次包庇走私、贩卖、运输、制造毒品的犯罪分子的；

（三）严重妨害司法机关对被包庇的犯罪分子实施的毒品犯罪进行追究的；

（四）其他情节严重的情形。

来此处做古玩生意的，想短暂住在小罗家几天。后小李贩卖毒品案发，小李为逃避警方抓捕，和小罗说生意没做成，现在要回家了，但是身上没有路费，希望小罗借给自己5000元。小罗信以为真，借给了小李5000元。小李在逃跑途中被警方抓获。小罗并不知道小李是贩卖毒品的犯罪分子，其借给小李5000元的行为构成包庇毒品犯罪分子罪吗？

包庇毒品犯罪分子罪要求行为人主观上明知对方是走私、贩卖、运输、制造毒品的犯罪分子，仍“故意”帮助其逃避法律制裁。过失行为不构成包庇毒品犯罪分子罪。小罗的行为虽然在客观上帮助了小李潜逃，但主观上并不存在帮助毒贩潜逃的“故意”，所以小罗不构成包庇毒品犯罪分子罪。应当注意的是：不论包庇毒品犯罪分子的“故意”是出于何种动机，如朋友之间的友谊、亲情、谋取利益等，只要进行了包庇的行为，且主观上是“故意”的，就构成此罪。

16周岁的未成年人包庇毒品犯罪分子，构成包庇毒品犯罪分子罪吗？

16周岁的小雷受表哥张某之托，帮其保管一些毒品。后来，某市公安局根据居民的举报，将走私、贩卖毒品的张某抓获。为了帮助表哥减轻刑罚，逃避法律的制裁，小雷将表哥寄存的毒品偷偷丢掉了，并向警方表示，表哥从未在自己家寄放过毒品。小雷只有16周岁，小雷要为自己的行为承担刑事责任吗？

对于包庇毒品犯罪分子罪来说，只有达到刑事责任年龄且具有刑事责任能力的自然人才能成为此罪的主体。此处的刑事责任年龄为16周岁，《刑法》第十七条第一款规定："已满十六周岁的人犯罪，应当负刑事责任。"因此，凡是达到16周岁且具有刑事责任能力的人，故意包庇毒品犯罪分子的，都构成包庇毒品犯罪分子罪。除此之外，缉毒人员、国家机关工作人员掩护、包庇毒品犯罪分子的，从重处罚。小雷已年满16周岁，其应当为包庇毒品犯罪分子的行为承担刑事责任。但是，因其不满18周岁，应当对其从轻或者减轻处罚。

五、引诱、教唆、欺骗他人吸毒罪

什么是引诱、教唆、欺骗他人吸毒罪？应受到怎样的处罚？

小亮（18周岁）从他人处拿到少量冰毒，带领几名未成年人到一栋楼的楼顶,其先制作吸毒工具,带头吸食毒品,并声称吸毒后可以“不睡觉”,然后教授其他几人吸食毒品的具体方法。随后,几名未成年人模仿小亮的模样,相继吸食了冰毒。请问,小亮是否构成引诱、教唆、欺骗他人吸毒罪?

引诱、教唆、欺骗他人吸毒罪,是指使用各种手段引诱、教唆、欺骗他人吸食、注射毒品的行为。本罪的犯罪主体是一般主体,即只要达到刑事责任年龄(年满16周岁),具有刑事责任能力的自然人,就构成此罪。此外,本罪在主观方面要求故意,即明知自己实施引诱、教唆、欺骗行为是为了促使他人吸食、注射毒品,过失不构成本罪。具体而言,可以从以下三个方面理解这类犯罪行为:

(1)引诱他人吸毒,是指以金钱、物质或者以向他人进行鼓动等方法,勾引、诱使、拉拢本无吸毒意愿的人,促使其产生吸毒欲望的行为。这里要特别注意,如果吸毒者本来就想吸毒,那么,即使行为人对其进行鼓动,也不构成引诱他人吸毒罪。

(2)教唆他人吸毒,是指以宣扬吸毒后的体验、示范吸毒方法或以劝说、怂恿、授意等其他方法,故意唆使他人产生吸毒的意图进而吸毒的行为。例如,甲对乙说,自己自从吸食了毒品后,每天的感觉很好，并劝说乙和自己一起吸毒。那么，甲的行为就是教唆他人吸毒。

（3）欺骗他人吸毒，是指用欺骗的手段，促使他人吸食、注射毒品的行为。如行为人暗地里在食物中掺入毒品，使他人在毫不知情的情况下吃下食物，遂染上毒瘾，这样的行为就属于欺骗他人吸毒。

本案中，小亮向多名未成年人传授吸毒方法，对未成年人进行语言上的诱惑，构成引诱、教唆他人吸毒罪。根据《刑法》第三百五十三条第一款的规定，引诱、教唆、欺骗他人吸食、注射毒品的，处3年以下有期徒刑、拘役或者管制，并处罚金；情节严重的[1]，处3年以上7年以下有期徒刑，并处罚金。该条第三款规定，引诱、教唆、欺骗未成年人吸食、注射毒品的，从重处罚。因此，对于小亮的行为，已经构成引诱、教唆、欺骗未成年人吸毒罪，会受到刑事处罚，且从重处罚。

---

〔1〕《最高人民法院关于审理毒品犯罪案件适用法律若干问题的解释》第十一条　引诱、教唆、欺骗他人吸食、注射毒品，具有下列情形之一的，应当认定为刑法第三百五十三条第一款规定的“情节严重”：

（一）引诱、教唆、欺骗多人或者多次引诱、教唆、欺骗他人吸食、注射毒品的；

（二）对他人身体健康造成严重危害的；

（三）导致他人实施故意杀人、故意伤害、交通肇事等犯罪行为的；

（四）国家工作人员引诱、教唆、欺骗他人吸食、注射毒品的；

（五）其他情节严重的情形。

犯引诱、教唆、欺骗他人吸毒罪的，无论涉毒数量多少都应当立案追诉吗？

小江正在员工宿舍吸食冰毒时，其他两名舍友来到房内，小江称其在吸毒，并向二人介绍吸毒时的感觉，还提供少量剩余的毒品让两名舍友尝试。于是，两人和小江一起吸食冰毒。后三人的行为被侦查机关突击检查时发现。请问，小江引诱室友吸毒，并提供毒品，不管毒品数量多少，都构成犯罪吗？

《最高人民检察院、公安部关于公安机关管辖的刑事案件立案追诉标准的规定（三）》第九条规定："引诱、教唆、欺骗他人吸食、注射毒品的，应予立案追诉。"由此可知，只要是引诱、教唆、欺骗他人吸毒犯罪的，无论涉及毒品数量多少，原则上都应当立案追诉。也就是说，本罪是行为犯，只要有此类行为的实施，就构成犯罪。小江引诱并提供毒品给两名舍友，诱惑他人吸毒，不管毒品数量多少，均侵害了他人身心健康，扰乱了社会秩序，符合本罪的构成要件，应当立案追诉。但是，值得注意的是，在司法实践中，对于一些情节显著轻微，危害不大的，一般不以犯罪论处，不予立案追诉，而是予以治安管理处罚。需要提醒大家注意的是，即使行为轻微、危害不大,也要懂得防微杜渐,自觉远离毒品。

六、强迫他人吸毒罪

什么是强迫他人吸毒罪?强迫他人吸毒会受到怎样的刑事处罚?

某天,14周岁的小郑到叔叔家中玩儿,叔叔把一小包冰毒交给小郑,让小郑和他一起吸食。小郑不肯,于是叔叔使用暴力强行将吸管插进小郑嘴里,让其吸食。后经公安局检验,小郑尿检呈阳性。请问,小郑叔叔的行为是否构成强迫他人吸毒罪?强迫他人吸毒罪会受到怎样的刑事处罚?

强迫他人吸毒罪,是指违背他人意志,使用暴力、胁迫或者其他强制手段迫使他人吸食、注射毒品的行为。本罪侵犯的是他人的生命权、健康权,同时扰乱了社会治安管理秩序。强迫他人吸毒,往往会使被害人染上毒瘾,成为吸毒者;伴随吸毒次数的增多,毒瘾会加重,逐渐造成被害者身体虚弱、身体各项机能减退、人格扭曲等严重后果;同时,吸毒会诱发盗窃、抢劫、赌博、卖淫等其他一系列犯罪活动,还会引发艾滋病等传染病的传播,进而扰乱社会秩序。本罪的犯罪主体是一般主体,即凡是达到刑事责任年龄(年满16周岁),具有刑事责任能力的人,均可构成本罪。本案中,小郑叔叔违背小郑的意愿,强迫小郑吸食毒品,符合强迫他人吸毒罪的构成要件,涉嫌强迫他人吸毒罪,应受到相应的刑事处罚。

《刑法》第三百五十三条第二款规定:“强迫他人吸食、注射毒品的,处三年以上十年以下有期徒刑,并处罚金。”该条第三款还规定,强迫未成年人吸食、注射毒品的,从重处罚。本案中,小郑为未成年人,小郑叔叔强迫其吸毒,应从重处罚。

此外,根据《刑法》第三百五十六条的规定,因走私、贩卖、运输、制造、非法持有毒品罪被判过刑,又犯强迫他人吸毒罪的,应当从重处罚。因此,如果小郑的叔叔还涉嫌上述规定的犯罪情形,将面临更为严厉的刑事处罚。

怎样的行为属于强迫他人吸毒?

五一假期,小李和小苏一起出去游玩,晚上在宾馆休息时,小苏开始吸食毒品。小李立即阻止小苏,小苏不但不听劝阻,还让小李与其一起吸食,小李果断拒绝并准备离开宾馆。小苏为了不让小李离开,对小李进行殴打,并将其捆绑起来,强迫小李吸食毒品。那么,小苏的行为构成强迫他人吸毒吗?

强迫他人吸毒罪的认定标准在于强行迫使他人吸毒，在客观方面表现为使用暴力、胁迫或者其他强制手段迫使他人吸食、注射毒品的行为。因此，强迫他人吸毒罪的行为构成要件，应主要从“暴力”“胁迫”“其他强制手段”三个方面来分析：

首先，“暴力”是指犯罪分子采用暴力手段对被害人身体实施强制，如殴打等伤害行为，足以压制被害人抵抗，迫使其违背自己的意志吸食、注射毒品。

其次，“胁迫”是指犯罪分子采取各种威胁方法，实行精神强制，使被害人产生心理恐惧，不敢抗拒而吸食、注射毒品。

最后，“其他强制手段”是指除暴力或胁迫方法以外，实施与暴力、胁迫方法效果相当的方法，如使用麻醉药导致被害人失去意识或抵抗能力，最终实施强迫被害人吸食或注射毒品的行为。

总之，强迫他人吸毒的手段多种多样，但无论采取什么手段，客观上行为人只要实施了违背他人意愿强迫他人吸毒的行为，就构成本罪。本案中，小苏采用殴打、捆绑等暴力方式，限制了小李的人身自由，压制其反抗，强行迫使其吸毒，构成强迫他人吸毒罪。

凡是强迫他人吸毒的,就会构成犯罪吗?

一天,小罗邀请朋友小刘到家中吃饭聊天,小罗在喝酒过程中故意把小刘灌醉。小罗趁小刘醉酒,意识不清,无法反抗,强迫其吸食毒品。事后,小刘到公安机关说明了相关情况,公安机关认定小罗存在强迫他人吸毒的行为。那么,对于小罗的行为应当立案追诉吗?

《最高人民检察院、公安部关于公安机关管辖的刑事案件立案追诉标准的规定(三)》第十条规定:"违背他人意志,以暴力、胁迫或者其他强制手段,迫使他人吸食、注射毒品的,应予立案追诉。"由此可见,强迫他人吸毒罪属于行为犯,即只要行为人实施了强迫他人吸食、注射毒品的行为,就应立案追诉。本案中,小罗采用醉酒方式使小刘丧失行为控制意识,强迫其吸毒。但是,是否对其进行立案追诉,还应根据侦查情况确定其行为的危害性。对此,《刑法》第十三条中规定,情节显著轻微危害不大的,不认为是犯罪。所以在现实生活中,并非所有强迫他人吸毒的行为都构成犯罪。即行为人实施了强迫他人吸毒的行为,但情节显著轻微危害不大的,一般不做犯罪处理,但应受到治安管理处罚。

七、容留他人吸毒罪

什么是容留他人吸毒罪？不知某人是“瘾君子”而为其提供场所的，构成犯罪吗？

老杜将自己的一处房屋出租给小军居住。一次，老杜偶然发现小军在房屋内吸食毒品。老杜十分担心，尽管在出租房屋时自己并不知晓小军吸毒，但小军是躲在自己出租的房屋内吸毒。老杜害怕自己也会承担刑事责任。于是老杜马上打电话向公安机关举报。请问，老杜构成容留他人吸毒罪吗？

容留他人吸毒罪，是指向吸毒者提供吸毒场所的行为。其中，既可以是行为人主动提供，也可以是在吸毒者的要求下被动提供；既可以是有偿提供，也可以是无偿提供。本罪的主体为一般主体，即凡是达到刑事责任年龄且具有刑事责任能力的人，均可构成本罪。

同时，本罪的构成要件之一是在主观上存在故意，即行为人明知他人吸毒还为其提供场所。过失不构成本罪。例如，甲不知他的朋友乙是吸毒者。一日，乙给甲打电话说想去甲的家里坐坐。甲欣然同意。谁知，乙竟然偷偷在甲家的卫生间内吸毒。

那么，此时不知情的甲是不是会构成容留他人吸毒罪呢？显然不是，因为甲没有向乙提供吸毒场所的故意。同样，本案中老杜并不知道小军会在租住的房屋内吸毒，在出租房屋时也没有提供吸毒场所的主观故意，因而不构成容留他人吸毒罪。但是，若老杜发现后仍放纵不予制止，就会构成本罪，即本罪包括不作为。

根据《刑法》第三百五十四条的规定，容留他人吸食、注射毒品的，处3年以下有期徒刑、拘役或者管制，并处罚金。《刑法》第三百五十六条还规定，因走私、贩卖、运输、制造、非法持有毒品罪被判过刑，又犯容留他人吸毒罪的，应当从重处罚。因此，在现实生活中，如果遇到案例中类似的情况，应当像老杜学习，及早向公安机关报案，以免自己背上容留他人吸毒的罪名。

容留他人吸食、注射毒品，具有哪些情形，应以容留他人吸毒罪定罪处罚？

小吴、小张和小王通过非法渠道购买了一包毒品。三人联系小肖，准备晚上在小肖家休息以及吸食毒品，小肖予以答应。其中，小王为未成年人。后来，三人一起在小肖家中吸食毒品，被警方抓获。那么,小肖构成容留他人吸毒罪吗?

根据《最高人民法院关于审理毒品犯罪案件适用法律若干问题的解释》第十二条第一款的规定,容留他人吸食、注射毒品,具有下列情形之一的,应当依照《刑法》第三百五十四条的规定,以容留他人吸毒罪定罪处罚:(1)一次容留多人吸食、注射毒品的;(2)2年内多次容留他人吸食、注射毒品的;(3)2年内曾因容留他人吸食、注射毒品受过行政处罚的;(4)容留未成年人吸食、注射毒品的;(5)以牟利为目的容留他人吸食、注射毒品的;(6)容留他人吸食、注射毒品造成严重后果的;(7)其他应当追究刑事责任的情形。此外,该条第二款、第三款规定,向他人贩卖毒品后又容留其吸食、注射毒品,或者容留他人吸食、注射毒品并向其贩卖毒品,符合前款规定的容留他人吸毒罪的定罪条件的,以贩卖毒品罪和容留他人吸毒罪数罪并罚。容留近亲属吸食、注射毒品,情节显著轻微危害不大的,不作为犯罪处理;需要追究刑事责任的,可以酌情从宽处罚。

本案中,小肖故意为小吴、小张和小王三人提供吸食毒品的场所,容留多人吸毒,其中还包含未成年人,构成容留他人吸毒罪,应当予以立案追诉。

八、非法提供麻醉药品、精神药品罪

什么是非法提供麻醉药品、精神药品罪?

非法提供麻醉药品、精神药品罪,是指依法从事生产、运输、管理、使用国家管制的麻醉药品、精神药品的单位和个人,明知他人是吸毒者,而向其提供国家管制的能够使人成瘾的麻醉药品、精神药品的行为。

根据《刑法》第三百五十五条第一款的规定,依法从事生产、运输、管理、使用国家管制的麻醉药品、精神药品的人员,违反国家规定,向吸食、注射毒品的人提供国家规定管制的能够使人形成瘾癖的麻醉药品、精神药品的,处3年以下有期徒刑或者拘役,并处罚金;情节严重的,处3年以上7年以下有期徒刑,并处罚金。向走私、贩卖毒品的犯罪分子或者以牟利为目的,向吸食、注射毒品的人提供国家规定管制的能够使人形成瘾癖的麻醉药品、精神药品的,依照《刑法》第三百四十七条的规定定罪处罚。《刑法》第三百五十五条第二款还规定,单位犯前款罪的,对单位判处罚金,并对其直接负责的主管人员和其他直接责任人员,依照前款的规定处罚。

根据《刑法》第三百五十六条的规定，因走私、贩卖、运输、制造、非法持有毒品罪被判过刑，又犯非法提供麻醉药品、精神药品罪的，应当从重处罚。

有刑事责任能力的人就可以是非法提供麻醉药品、精神药品罪的犯罪主体吗？

小莉是一名家庭主妇，小莉的老公小刘在乡卫生院工作，该卫生院内有处方药品度冷丁。小曲是小莉的老乡，半年前因意外染上毒瘾。小曲求小莉帮自己购买一些度冷丁，小莉答应了。小莉告诉小曲，每天中午 11 时 30 分她会去给老公送饭，小刘吃饭的时候，由小莉帮忙照看诊室，小曲可以趁此时机去卫生院购买度冷丁。某日上午 11 时 40 分左右，小曲来到卫生院买度冷丁，小莉趁老公不在，私自给小曲开了处方——度冷丁 18 支。小刘得知此事后，立即报警。那么，小莉构成非法提供麻醉药品、精神药品罪吗？

《最高人民检察院、公安部关于公安机关管辖的刑事案件立案追诉标准的规定（三）》第十二条规定，依法从事生产、运输、管理、使用国家管制的麻醉药品、精神药品的个人或者单位，违反国家规定，向吸食、注射毒品的人员提供国家规定管制的能够使人形成瘾癖的麻醉药品、精神药品，并符合一定情形的，以非法提供麻醉药品、精神药品罪立案追诉。根据上述规定可以得知，非法提供麻醉药品、精神药品罪的犯罪主体具有特定性，只有“依法从事生产、运输、管理、使用国家管制的麻醉药品、精神药品的个人或者单位”才能成为此罪的犯罪主体，一般主体即使年满16周岁，具有刑事责任能力，也不具有构成此罪的主体资格，不会构成此罪。本案中的小莉不是依法从事生产、运输、管理、使用国家管制的麻醉药品、精神药品的个人，尽管其年满16周岁，具有刑事责任能力，且客观上实施了非法提供麻醉药品、精神药品的行为，其也不构成非法提供麻醉药品、精神药品罪。但小莉的该行为依然是违法行为，应得到相应的处罚。

非法提供麻醉药品、精神药品罪的犯罪主体须“明知”对方是吸毒者吗？

小刘和大刘是双胞胎，二人长得非常像，一般人很难分辨。小刘外出打工期间染上了毒瘾，小刘听说在乡卫生院任职的小王可以开出处方药品度冷丁，于是偷偷拿着大刘的身份证、病历和麻醉药品使用卡去乡卫生院买度冷丁。小王以为买度冷丁的是大刘,且大刘具备购买度冷丁的条件,于是开出了 14 支度冷丁的处方。当小刘在卫生院药房取好度冷丁准备离开时,被警方当场抓获。请问,卫生院的小王构成非法提供麻醉药品、精神药品罪吗?

非法提供麻醉药品、精神药品罪要求行为人明知对方开药不是出于对症治疗的目的,却依旧"故意"违反法律规定,为其提供麻醉药品或精神药品。如果行为人不知对方是滥用药物者,则行为人的行为只属于普通违法行为,不构成非法提供麻醉药品、精神药品罪。小王虽然属于依法从事生产、运输、管理、使用国家管制的麻醉药品、精神药品的个人,具备该罪的主体条件,且实施了将麻醉药品出售给小刘的行为。但是,小王不知道小刘是吸毒人员,其不具有主观故意。所以,小王的行为不构成非法提供麻醉药品、精神药品罪。

依法掌握麻醉药品、精神药品的人,为牟利向吸毒者提供精神药品的,触犯何罪?

小宋是医院的内科主任,其有权开具麻醉药品处方。小宋利用工作上的便利条件,多次借助住院病人名义开具麻醉药品处方,并将开出的麻醉药品以每支 120 元的价格出售给吸毒者小李。那么,小宋作为有权开具麻醉药品处方的医生,其违反国家规定,以牟利为目的,多次向吸毒人员提供麻醉药品、精神药品,其行为构成何罪?

《最高人民检察院、公安部关于公安机关管辖的刑事案件立案追诉标准的规定(三)》第十二条第二款规定:“依法从事生产、运输、管理、使用国家管制的麻醉药品、精神药品的人员或者单位,违反国家规定,向走私、贩卖毒品的犯罪分子提供国家规定管制的能够使人形成瘾癖的麻醉药品、精神药品的,或者以牟利为目的,向吸食、注射毒品的人提供国家规定管制的能够使人形成瘾癖的麻醉药品、精神药品的,以走私、贩卖毒品罪立案追诉。”由此可知,依法从事生产、运输、管理、使用国家管制的麻醉药品、精神药品的单位和个人,以牟利为目的向吸毒者提供麻醉药品、精神药品的,成立贩卖毒品罪,而不成立非法提供麻醉药品、精神药品罪。小宋属于有权开具麻醉药品处方的医生,具备向吸毒人员提供麻醉药品、精神药品的资格,其违反法律规定,多次向吸毒人员提供麻醉药品、精神药品。由于小宋是以牟利为目的,因此其行为构成贩卖毒品罪。

九、非法生产、买卖、运输制毒物品、走私制毒物品罪

什么是非法生产、买卖、运输制毒物品、走私制毒物品罪？

非法生产、买卖、运输制毒物品、走私制毒物品罪，是指违反国家规定，非法生产、买卖、运输醋酸酐、乙醚、三氯甲烷或者其他用于制造毒品的原料、配剂，或者携带上述物品进出境，情节较重的行为。本罪的犯罪主体是一般主体，即凡是达到刑事责任年龄（年满16周岁），具有刑事责任能力的人，均可构成本罪。本罪在主观方面表现为故意，过失不构成此罪。

根据《刑法》第三百五十条第一款的规定，自然人犯非法买卖制毒物品罪的，处3年以下有期徒刑、拘役或者管制，并处罚金；情节严重的，处3年以上7年以下有期徒刑，并处罚金；情节特别严重的，处7年以上有期徒刑，并处罚金或者没收财产。根据《刑法》第三百五十条第三款的规定，单位犯此罪的，对单位判处罚金，并对其直接负责的主管人员和其他直接责任人员，依照《刑法》第三百五十条第一款、第

二款[1]的规定处罚。

此外,根据《刑法》第三百五十六条的规定,因走私、贩卖、运输、制造、非法持有毒品罪被判过刑,又犯本罪的,应当从重处罚。

非法生产、买卖、运输制毒物品、走私制毒物品,达到什么情形就会被判刑?

《刑法》第三百五十条第一款规定,"违反国家规定,非法生产、买卖、运输醋酸酐、乙醚、三氯甲烷或者其他用于制造毒品的原料、配剂,或者携带上述物品进出境,情节较重的,处三年以下有期徒刑、拘役或者管制,并处罚金;情节严重的,处三年以上七年以下有期徒刑,并处罚金;情节特别严重的,处七年以上有期徒刑,并处罚金或者没收财产"。由此可见,构成该罪,需要至少满足"情节较重"这一条件。

根据《最高人民法院关于审理毒品犯罪案件适用法律若干问题的解释》第七条第一款的规定,违反国家规定,非法生产、买卖、运输制毒物品、走私制毒物品,达到下列数量标准的,应当认定为《刑法》第三

〔1〕《刑法》第三百五十条第二款　明知他人制造毒品而为其生产、买卖、运输前款规定的物品的,以制造毒品罪的共犯论处。

百五十条第一款规定的“情节较重”:(1)麻黄碱(麻黄素)、伪麻黄碱(伪麻黄素)、消旋麻黄碱(消旋麻黄素)1千克以上不满5千克;(2)1-苯基-2-丙酮、1-苯基-2-溴-1-丙酮、3,4-亚甲基二氧苯基-2-丙酮、羟亚胺2千克以上不满10千克;(3)3-氧-2-苯基丁腈、邻氯苯基环戊酮、去甲麻黄碱(去甲麻黄素)、甲基麻黄碱(甲基麻黄素)4千克以上不满20千克;(4)醋酸酐10千克以上不满50千克;(5)麻黄浸膏、麻黄浸膏粉、胡椒醛、黄樟素、黄樟油、异黄樟素、麦角酸、麦角胺、麦角新碱、苯乙酸20千克以上不满100千克;(6)N-乙酰邻氨基苯酸、邻氨基苯甲酸、三氯甲烷、乙醚、哌啶50千克以上不满250千克;(7)甲苯、丙酮、甲基乙基酮、高锰酸钾、硫酸、盐酸100千克以上不满500千克;(8)其他制毒物品数量相当的。

同时该条第二款规定,违反国家规定,非法生产、买卖、运输制毒物品、走私制毒物品,达到前款规定的数量标准最低值的50%,且具有下列情形之一的,应当认定为《刑法》第三百五十条第一款规定的“情节较重”:(1)曾因非法生产、买卖、运输制毒物品、走私制毒物品受过刑事处罚的;(2)2年内曾因非法生产、买卖、运输制毒物品、走私制毒物品受过行政处罚的;(3)一次组织5人以上或者多次非法生产、买卖、运输制毒物品、走私制毒物品,或者在多个地点非法生产制毒物品的;(4)利用、教唆未成年人非法生产、买卖、运输制毒物品、走私制毒物品的;(5)国家工作人员非法生产、买卖、运输制毒物品、走私制毒物品的;(6)严重影响群众正常生产、生活秩序的;(7)其他情节较重的情形。

也就是说,非法生产、买卖、运输制毒物品、走私制毒物品,在满足以上"情节较重"的情形下,会被判刑。

十、非法买卖、运输、携带、持有毒品原植物种子、幼苗罪

什么是非法买卖、运输、携带、持有毒品原植物种子、幼苗罪?

非法买卖、运输、携带、持有毒品原植物种子、幼苗罪,是指违反国家规定,非法买卖、运输、携带、持有未经灭活的罂粟等毒品原植物种子、幼苗,数量较大的行为。本罪的犯罪主体是一般主体,即凡是达到刑事责任年龄(年满16周岁),具有刑事责任能力的自然人,均可构成本罪。此外本罪在主观方面表现为故意,过失不构成此罪。

根据《刑法》第三百五十二条的规定，犯非法买卖、运输、携带、持有毒品原植物种子、幼苗罪的，处3年以下有期徒刑、拘役或者管制，并处或者单处罚金。

根据《刑法》第三百五十六条的规定，因走私、贩卖、运输、制造、非法持有毒品罪被判过刑，又犯非法买卖、运输、携带、持有毒品原植物种子、幼苗罪的，应当从重处罚。

在哪些情况下，非法买卖、运输、携带、持有毒品原植物种子、幼苗，构成犯罪？

非法买卖、运输、携带、持有毒品原植物种子、幼苗，数量较大的，才构成犯罪。根据《最高人民法院关于审理毒品犯罪案件适用法律若干问题的解释》第十条规定，非法买卖、运输、携带、持有未经灭活的毒品原植物种子或者幼苗，具有下列情形之一的，应当认定为《刑法》第三百五十二条规定的“数量较大”：(1)罂粟种子50克以上、罂粟幼苗5000株以上的；(2)大麻种子50千克以上、大麻幼苗5万株以上的；(3)其他毒品原植物种子或者幼苗数量较大的。

非法买卖、运输、携带、持有毒品原植物种子、幼苗,数量不大的,不构成犯罪,但是应根据《治安管理处罚法》第七十一条的规定,“处十日以上十五日以下拘留,可以并处三千元以下罚款;情节较轻的,处五日以下拘留或者五百元以下罚款”。

十一、非法种植毒品原植物罪

什么是非法种植毒品原植物罪?

非法种植毒品原植物罪,是指非法种植罂粟、大麻等毒品原植物,经过公安机关处理后又种植,或者种植数量较大的,又或者抗拒铲除的行为。本罪的犯罪主体是一般主体,即凡是达到刑事责任年龄(年满16周岁),具有刑事责任能力的自然人,均可构成本罪。此外,本罪在主观方面表现为故意,过失不构成此罪。且不论行为人种植毒品原植物的目的是买卖还是自用,都不影响此罪的成立。

根据《刑法》第三百五十一条的规定,非法种植罂粟、大麻等毒品原植物的,一律强制铲除。有下列情形之一的,处5年以下有期徒刑、拘役或者管制,并处罚金:(1)种植罂粟500株以上不满3000株或者其他毒品原植物数量较大的;(2)经公安机关处理后又种植的;(3)抗拒铲除的。非法种植罂粟3000

株以上或者其他毒品原植物数量大的，处5年以上有期徒刑，并处罚金或者没收财产。非法种植罂粟或者其他毒品原植物，在收获前自动铲除的，可以免除处罚。

根据《刑法》第三百五十六条的规定，因走私、贩卖、制造、非法持有毒品罪被判过刑，又犯非法种植毒品原植物罪的，应当从重处罚。

在收获前自动铲除非法种植毒品原植物的，是否可以不予立案追诉？

小林从好友小雨处得到一颗罂粟果；小雨只是告诉小林，种植这种果子可以挣很多钱；小林信以为真，遂将罂粟果带回老家，并将罂粟种子播种于自家土地上。罂粟长大以后，邻居小虎发现小林家种植了大量疑似罂粟的植物，遂提醒小林罂粟是毒品原植物，种植罂粟是违法的。小林听到这话，吓了一跳，第二天就将罂粟全部铲除了。那么，小林在收获罂粟之前，自动将其铲除了，可以不予立案追诉吗？

《最高人民检察院、公安部关于公安机关管辖的刑事案件立案追诉标准的规定（三）》第七条第三款规定："非法种植罂粟或者其他毒品原植物，在收获前自动铲除的,可以不予立案追诉。”由此可知,种植毒品原植物,在收获之前自动铲除的,可以不追究其刑事责任。小林虽种植了罂粟,但其在罂粟收获前自动铲除了罂粟,公安机关可对其不予立案追诉。

第三章 毒品相关行政处罚

种植罂粟又自行铲除的会受到行政处罚吗?

一年暑假,小文和妈妈去泰国旅游时,看到了许多的罂粟花,小文觉得这些花十分漂亮,于是回来后要求妈妈在自己家院子里种上一些。妈妈十分曲折地找到了罂粟花的种子,在自家院子里种了几十株罂粟。小文的爸爸出差回来后得知此事,赶紧将罂粟铲除,此时罂粟还未成熟。那么,种植罂粟又自行铲除的会受到行政处罚吗?

擅自种植罂粟是一种违法的行为,如果种植数量较少会面临行政处罚,如果大面积种植可能会构成犯罪。虽然小文和妈妈种植罂粟仅仅是为了观赏,但是这也违反了法律的规定。好在仅种植了几十株,且这些尚未成熟的罂粟已被及时铲除。根据

《治安管理处罚法》第七十一条[1]的规定可知，非法种植罂粟不满500株又在成熟前自行铲除的，不予处罚。所以，小文家人是不会受到处罚的。

饭店使用罂粟壳做调料要受到怎样的处罚？

小何家附近新开了一家菜馆，菜的味道非常吸引人。小何与家人都非常喜欢吃他家的菜，每到周末都要和家人去该餐馆饱餐一顿。近日，小何发现菜馆关门不再营业，四处打听才知道这家饭店涉嫌使用罂粟壳做调料，公安机关正在进行调查。那么，饭店使用罂粟壳做食物调料是违法行为吗？

罂粟壳是罂粟成熟后的干燥果壳，可以用作药物治疗疾病。不法餐饮商家为了提升食品的口感而使用罂粟壳制作食物的行为是违法的。根据《治安管理处罚法》第七十一条的规定可知，非法使用少量罂粟壳的，处10日以上15日以下拘留，可以并处3000元以下罚款；情节较轻的，处5日以下拘留或者500元

---

[1]《治安管理处罚法》第七十一条　有下列行为之一的，处十日以上十五日以下拘留，可以并处三千元以下罚款；情节较轻的，处五日以下拘留或者五百元以下罚款：

（一）非法种植罂粟不满五百株或者其他少量毒品原植物的；

（二）非法买卖、运输、携带、持有少量未经灭活的罂粟等毒品原植物种子或者幼苗的；

（三）非法运输、买卖、储存、使用少量罂粟壳的。

有前款第一项行为，在成熟前自行铲除的，不予处罚。

以下罚款。本案中饭店的行为必然会受到处罚，如果其使用的罂粟壳数量较少，会受到上述行政处罚；如果其使用的罂粟壳数量较多，有可能会涉嫌犯罪。

非法持有少量毒品但未构成犯罪的，会受到怎样的行政处罚？

王某的表哥李某是个“瘾君子”。某日，李某找到王某称自己有些鸦片请王某“保管”一下，王某没有多想便一口答应。后来，公安机关调查一起贩毒案件，找到了王某，查实王某非法持有鸦片 112 克。对于王某的行为，会受到怎样的处罚呢？

非法持有毒品的违法行为，是指非法持有鸦片不满 200 克、海洛因或甲基苯丙胺不满 10 克或者其他少量毒品，尚不构成刑事犯罪的行为。王某非法持有鸦片，必然会受到处罚，但是其持有的鸦片数量未满 200 克，还未构成刑事犯罪，根据《治安管理处罚法》第七十二条[1]的规定，王某会受到 10 日以上

[1] 《治安管理处罚法》第七十二条　有下列行为之一的，处十日以上十五日以下拘留，可以并处二千元以下罚款；情节较轻的，处五日以下拘留或者五百元以下罚款：

（一）非法持有鸦片不满二百克、海洛因或者甲基苯丙胺不满十克或者其他少量毒品的；

（二）向他人提供毒品的；

（三）吸食、注射毒品的；

（四）胁迫、欺骗医务人员开具麻醉药品、精神药品的。

15日以下拘留，可以并处2000元以下罚款的处罚，如果认定其情节较轻，则处以5日以下拘留或者500元以下罚款。所以，替他人保管毒品的忙千万不能帮，会让自己处于违法的境地。

吸食毒品会受到怎样的行政处罚？

韩某是个无业游民，整日和一些“狐朋狗友”混在一起。不知不觉，韩某就沾染上了毒品。韩某父母劝其戒毒，韩某拒不戒毒，还称自己没制毒、没贩毒，谁都管不着。那么，对于吸食毒品的行为，会受到处罚吗？

吸食毒品虽然不是犯罪行为，但仍是违法行为。虽然吸毒不像制毒、贩毒那样会直接侵害他人的合法权益，但吸毒会伤害自身及家庭，所以这种行为也会面临处罚。根据《治安管理处罚法》第七十二条的规定可知，吸食、注射毒品的，处10日以上15日以下拘留，可以并处2000元以下罚款；情节较轻的，处5日以下拘留或者500元以下罚款。所以，吸毒不仅是自伤行为，也是国家明确禁止的违法行为，每个人都要远离毒品。

无偿给他人提供毒品的，会受到怎样的行政处罚？

张某的朋友最近送给其一些毒品，但是张某一直不敢尝试。后来，张某的哥们儿王某来找张某喝酒。酒足饭饱之后，张某拿出自己的毒品提供给王某，并称不要钱。王某因此染上了毒瘾。那么，无偿给他人提供毒品，会承担法律责任吗？

法律不仅禁止我们个人吸食毒品，也禁止给他人提供毒品吸食。如果给他人无偿提供毒品，也会受到一定的处罚。根据《治安管理处罚法》第七十二条的规定可知，向他人提供毒品的，处 10 日以上 15 日以下拘留，可以并处 2000 元以下罚款；情节较轻的，处 5 日以下拘留或者 500 元以下罚款。所以，尽管张某是无偿为他人提供毒品，也会承担法律责任。

涉嫌吸毒的人拒绝检测，会有什么法律后果？

张某是某社区的无业游民，整日无所事事。某日，张某被举报涉嫌吸毒，于是公安机关找到张某并要求其配合进行检测。张某觉得自己没犯法，拒绝接受检测。那么，涉嫌吸毒的人员如果拒绝检测，会有什么后果?

无论是否吸毒,我国公民都有义务配合公安机关的检查。《禁毒法》第三十二条第一款规定:"公安机关可以对涉嫌吸毒的人员进行必要的检测,被检测人员应当予以配合;对拒绝接受检测的,经县级以上人民政府公安机关或者其派出机构负责人批准,可以强制检测。"所以,如果涉嫌吸毒的人员拒绝检测,有关部门可以依法对其进行强制检测。

容留他人吸毒会受到行政处罚吗?

小王开了一家旅馆。一天晚上,一个身材瘦小的男子去小王的旅馆要求住宿。安排好客房之后,小王听到该名房客打电话,了解到其是吸毒人员。小王怕该房客在旅店房间内吸毒被其他人员发现后影响旅馆的生意。于是,他对该名房客谎称房间电路有问题,把这位吸毒的房客安排在了自己闲置的老房子里。那么,小王明知房客吸毒,还容留吸毒者在自己的房子里居住,会受到处罚吗?

根据我国《禁毒法》第六十一条的规定,容留他人吸食、注射毒品或者介绍买卖毒品,构成犯罪的，依法追究刑事责任[1]；尚不构成犯罪的，由公安机关处10日以上15日以下拘留，可以并处3000元以下罚款；情节较轻的，处5日以下拘留或者500元以下罚款。此外，根据相关规定，容留他人吸毒的场所，包括容留者所有、管理、租用、借用或以其他方式控制的房屋、旅馆、娱乐场所、经营场所或交通工具等。因此，小王把吸毒者安排在自己闲置的老房子里是违法的。因其只容留过一次，且只容留了一个人，不足以构成犯罪，但是会受到拘留等行政处罚。

主动接受戒毒治疗，还会受到行政处罚吗？

小明大学毕业之后无所事事，不仅没有稳定的工作，还在社会上认识了很多游手好闲的小混混儿。不久，小明就开始吸食毒品。由于没有资金购买毒品，小明打算回家向父母要钱。小明的父母发现了异常，说服他去戒毒所接受治疗。小明也认识到了事情的严重性，主动接受了戒毒治疗。那么，小明还会受到处罚吗？

吸毒是一种违法行为，应该依法受到行政处罚。根据我国《禁毒法》第六十二条的规定，吸食、注射毒

[1] 《刑法》第三百五十四条 容留他人吸食、注射毒品的，处三年以下有期徒刑、拘役或者管制，并处罚金。

品的,依法给予治安管理处罚。吸毒人员主动到公安机关登记或者到有资质的医疗机构接受戒毒治疗的,不予处罚。因此,小明虽然曾经吸食毒品,但是他及时认识到错误,并主动接受戒毒治疗,是不会受到处罚的。

第四章　毒　　驾

毒驾会受到哪些处罚？

张某是某公司的司机。一次张某在朋友的引诱下接触到了毒品……他沾染上毒品后一发不可收拾。在一个工作日，张某刚吸食完毒品就驾车上路。交警在例行检查时，发觉张某不对劲，遂对张某进行了进一步检测。检测结果显示张某涉嫌毒驾。那么，毒驾会受到哪些处罚？

毒驾，也就是吸毒后驾车，由于吸毒者吸毒后往往神志不清，如果此时驾驶是非常危险的。因此，法律明确禁止毒驾行为，毒驾会受到罚款、治安拘留及注销驾照等处罚。如果造成了严重的后果且在事故中负主要责任或全部责任，则应根据《道路交通安全法》等相关规定以交通肇事罪定罪处罚；若情节严重，则应以危险方法危害公共安全罪定罪处罚。

长期吸毒成瘾，可以申请机动车驾驶证吗？

温某曾经吸毒成瘾，2 年前被强制隔离戒毒结束后一直在家中待业。后来，温某一个表哥创办了公司，想招聘一名司机。温某听闻便想考取驾照，去表哥的公司当司机。但是，温某听说自己的情况还不能申请机动车驾驶证。那么，曾经长期吸毒成瘾的温某，可以申请机动车驾驶证吗？

毒驾是一种非常危险的驾驶行为，在长期吸毒成瘾的情况下驾驶机动车是对自己和他人生命健康的严重不负责任。所以，我国法律对吸毒人员申请机动车驾驶证也有着明确的限制。根据《机动车驾驶证申领和使用规定》第十五条第一款第二项的规定可知，3 年内有吸食、注射毒品行为或者解除强制隔离戒毒措施未满 3 年，以及长期服用依赖性精神药品成瘾尚未戒除的不得申请机动车驾驶证。因为温某自强制隔离戒毒结束至其申领驾驶证时未满 3 年，所以，未能申请机动车驾驶证。

毒驾被发现后，会被注销驾驶证吗？

孙某是一名吸毒人员。某日孙某和朋友一起吸毒后驾车去郊区，路上因闯红灯被交警当场拦下。

交警发觉孙某等人不对劲，于是对他们进行了检测。最终认定孙某毒驾。交警表示孙某的驾驶证要被注销，孙某不服。那么，毒驾者，会被注销驾驶证吗？

根据我国相关规定，吸毒后不能驾驶机动车，否则会面临相应处罚。根据《机动车驾驶证申领和使用规定》第七十九条第一款第六项的规定可知，被查获有吸食、注射毒品后驾驶机动车行为，依法被责令社区戒毒、社区康复或者决定强制隔离戒毒，或者长期服用依赖性精神药品成瘾尚未戒除的，车辆管理所应当注销其机动车驾驶证。所以，孙某会被注销驾驶证，除此以外还会因吸毒被行政处罚。

毒驾致人重伤或死亡的会如何判刑？

某日，周某吸食完毒品后驾车去见朋友。后其将一名老人撞倒，老人当场死亡。现场群众随即报警，警方认定此交通事故为周某全责。周某被警察带走。经检测周某涉嫌毒驾，且因毒驾发生交通事故致人死亡，涉嫌交通肇事罪。那么，毒驾造成严重交通事故，致人重伤或死亡的，会被如何判刑？

毒驾致人重伤或死亡的，构成交通肇事罪，会被判刑。同时，根据《最高人民法院关于审理交通肇事刑事案件具体应用法律若干问题的解释》第二条第二款第一项的规定可知，吸食毒品后驾驶机动车辆，致一人以上重伤，负事故全部或主要责任的，以交通肇事罪定罪处罚。同时，根据《刑法》第一百三十三条的规定，发生重大交通事故，致人重伤、死亡或者使公私财产遭受重大损失的，处3年以下有期徒刑或者拘役。本案中，周某因毒驾发生交通事故致人死亡，且警方认定周某对事故负全责。最终法院认定周某构成交通肇事罪，判处周某有期徒刑2年。

第五编　志愿行动

第一章　积极开展禁毒志愿行动

一、丰富多彩的禁毒志愿宣传教育活动

多年以来,全国各地志愿者团队积极配合当地政府,广泛、积极开展禁毒宣传教育活动。但是,单一的宣传教育形式显得较为枯燥,达不到禁毒宣传活动应有的效果。于是,志愿者集思广益,通过开展多种多样的宣传活动,寓教于乐,让“拒毒、防毒、禁毒”的观念深入人心。

张先生是广东省某禁毒志愿者团队的负责人之一。他加入该团队已经有 6 年了。他说广东是打响禁毒第一枪的地方,但是目前仍屡禁不止。他想通过自己的力量宣传毒品的危害,劝导更多的人远离毒品。他们的志愿者团队组建已经有 8 年,由最初的十几个人已经发展到上百人,活动形式也逐渐丰富起来。志愿者团队中的每名成员都各有所长,他们利用自己的专业知识和技巧,组织开展各式各样的禁毒宣传教育活动。

小刘等几名大学生志愿者擅长制作宣传展板,他们在周末或节假日将展板摆放到商业街等人员密集区,把宣传活动融入日常生活,大大提高了全民禁毒意识。小刘说:“也许一次宣传的作用不够明显,但经常开展这样的宣传活动,会让禁毒知识潜移默化地渗透到人们的意识中,促使人们自觉远离毒品。”

王大妈等几名文艺爱好者擅长编排小品、话剧等节目。她们配合当地文化部门开展禁毒专项文艺演出,吸引了大量观众参观,掀起“全民远离毒品”的高潮。该志愿者团队还为全市各大型企业开展上门宣传活动;在外来人口较多、人员流动性较大的场所,举办教唱禁毒之歌、有奖知识问答等活动。他们举办的这些活动在丰富市民业余生活的同时,也传递了禁毒思想。

宣传、教育行动是志愿者服务的基础和关键部分。加强禁毒宣传,营建禁毒氛围,是禁毒志愿者服务的一项基础性工作。通过宣传禁毒知识不仅会对民众产生教育警示作用,还会对涉毒犯罪分子起到震慑作用。

二、引导青少年自觉远离毒品

远离毒品、拒绝毒品，做遵纪守法的好公民，是每个青少年应当遵循的基本准则。禁毒志愿组织会定期走进校园，向青少年讲解毒品的相关知识，让青少年清楚地认识毒品的原理及危害，营造“从小知毒防毒，从小参与禁毒”的良好氛围，从而引导青少年自觉远离毒品。“爱心天使”禁毒志愿服务队就是这样一个经常组织“禁毒宣传进校园”活动的志愿组织。该组织的志愿者们通过生动的事例向学生们普及禁毒知识，耐心地为学生们讲解毒品的种类、危害，吸毒成瘾的表现以及吸毒对生活、工作、社会的影响；讲解与禁毒相关的法律，帮助青少年增强法律意识从而识别毒品犯罪，达到远离毒品的效果。

通过禁毒知识宣传活动，青少年对毒品有了全新的认识。有的同学说：“从前，我只知道毒品会危害人体健康，但具体会产生怎样的危害我不清楚，会造成怎样的后果我也不了解。通过禁毒宣传进校园活动，我对毒品有了全面的认识，我会不断提高自我保护意识，自觉远离毒品。并且，我也要向家人普及毒品的相关知识，也让他们做到远离毒品。”可见，禁毒志愿活动真正实现了“教育一个孩子，影响一个家庭，带动整个社会”的宣传目的；在很大程度上也实现了教育学生时刻保持警惕、摒弃不良的生活习惯、注重学习、历练品格，用健康的行为抵制毒品危害的目的。

与此同时，有些学校在课余时间也联合志愿团队，组织学生在课余时间加入志愿服务团队，开展“我当小小志愿者”活动，鼓励学生积极参与禁毒志愿行动，培养青少年的社会责任感和使命感。

三、帮助毒瘾少年重拾信心

对很多吸毒人员来说，他们渴望戒毒、渴望摆脱毒品带来的困扰和伤害。但是往往“毒瘾”易戒、“心瘾”难戒。大部分在戒毒所戒毒成功的人摆脱了对毒品的生理依赖，但是难以克服心理依赖，于是走上了复吸的道路。因此，帮助他们戒除“心瘾”尤为重要。许多志愿者走近戒毒青少年，为他们提供心理辅导，帮助他们建立自信、树立自尊，重新回归社会、回归家庭。

张阿姨退休之后加入了社区的“阳光妈妈”志愿团队，这个组织以帮助毒瘾少年重拾信心为理念，她们用母爱的光辉温暖每一位戒毒者。“阳光妈妈”志愿团队里都是女性，年龄最大的八十几岁，她们经常到戒毒所对青少年进行心理辅导。很多毒瘾少年可以认识到毒品的危害,但由于生活中遇到挫折就自甘堕落,开始吸毒,希望用毒品麻痹自己以逃避生活中的困难。张阿姨说:“针对这种心理,我们用母爱的光辉去温暖戒毒康复人员,化解他们心中的困苦,帮助他们进行心理建设。”通过这种方式,“阳光妈妈”帮助 800 多人成功戒掉毒瘾。而且,志愿者还会定期到戒毒康复人员家庭中进行走访,对他们进行持续性关注,帮助他们解决后续问题。

张阿姨对一位毒瘾女青年记忆犹新:小桃的情况非常特殊,她的父亲为缓解疾病的痛苦而吸毒,她因为情感不顺而吸毒,她和父亲花光了家里所有的积蓄。母亲帮着小桃带孩子,但没有生活来源。小桃也渴望戒毒,但不愿意面对现实中的困难,于是继续吸食。后来,“阳光妈妈”志愿团队知道了她的情况,送她和父亲去了戒毒所,并联系政府解决她母亲和孩子的生活困难等问题,还组织社会爱心人士为他们捐款。小桃深受感动,同时也倍感愧疚,她决定从戒毒所出来之后重新做人,好好工作、赡养父母、抚养女儿。

四、用特殊经历将吸毒人员带出“深渊”

善意的行为往往会感召更多的人参与，很多戒毒康复者在志愿活动中重新找到了人生的意义。之后，他们愿意帮助更多深陷泥潭的人戒毒重生，用亲身的经历去感化、帮助戒毒者。他们的语言会比普通人的更为深刻，他们能够切身体会戒毒者的每一分痛苦和绝望。禁毒志愿活动正是因为有这群特殊志愿者的参与，才显得更有价值，成果才会更加丰硕。

小叶就是这样一名特殊的志愿者——她曾经是一名“毒瘾少女”。她 17 岁时被男朋友诱骗吸毒后，有 10 年的时间“沉浸”在毒品中无法自拔。后来她在家人的帮助下，凭借顽强的毅力摆脱了毒品的魔爪，成功地戒除了毒瘾。经历了这些，她深知毒品的危害。于是，她毅然决然地加入了戒毒志愿服务团队，想通过亲身经历告诫人们远离毒品，并且帮助身受毒瘾困扰的人摆脱毒品。她说：“我要告诉戒毒者，一定要坚定信心，你正在经历的，都是我曾经克服过的，尽管现在很难，但没有什么是做不到的。”她主动帮助戒毒人员进行心理康复治疗，多年来以“同伴辅导员”的身份成功帮助了很多人戒除毒瘾。有很多像小叶一样的成功戒毒者加入了志愿者团队，用亲身经历帮助更多的人戒毒。

第二章　形成禁毒共建共治共享工作新格局

禁毒的历史经验告诉我们，禁毒工作是一项系统工程，单一的策略和手段不能有效遏制毒品的蔓延。禁绝毒品工作除了依靠公权力以外，还需要充分利用社会力量和社会资源。宣传教育、毒瘾戒除、就业扶持、临时救助及心理疏导等工作，其中很大一部分任务需要禁毒志愿者的实施和参与。禁毒志愿者群体的逐步壮大，为我国禁毒战争注入了新的活力。

近年来，我国大力推动禁毒工作社会化，全力构建共建共治共享的禁毒工作格局，鼓励各地组建禁毒志愿者队伍。有些志愿者队伍是民间自发组织，也有些是在政府、社区的号召下成立，这些志愿者群体大多依托社会组织身份开展服务。他们的服务内容包括毒品预防教育、社区戒毒、社区康复、心理疏导以及就业扶持等。

云南省位于我国边境地区，与多个东南亚国家接壤，很长时间以来毒品犯罪活动猖獗。2015 年云南省禁毒志愿者协会成立。协会的前身是一支禁毒志愿者宣传车队。一群志愿者组建成立了云南省禁毒志愿者宣传车队，把越野车作为禁毒宣传的流动课堂，下村寨、进学校。多年来，禁毒志愿者们踏遍了云南省各地，将禁毒宣传传遍了云南省的各个角落。

“情有毒终”是四川司法行政戒毒系统与共青团四川省委共同开展的志愿服务专项活动，从 2019 年至 2022 年已发展登记注册的禁毒志愿者 212 人，成立禁毒志愿团队 16 个，为 16 个市州数百万群众提供了上千场次的禁毒志愿服务活动。[1]

现阶段，在各省、市、自治区司法行政戒毒系统的领导下，各地的禁毒志愿团队在不断发展壮大。他们深入街道、社区、村庄、校园、企业、网络、家庭……为我国的禁毒事业无私奉献。虽然，我国的禁毒志愿团队仍然处于发展阶段，但已取得了一定的成绩。当然，我们的禁毒志愿服务工作虽然面临

---

〔1〕《禁毒防艾　向春而行　一起向未来——四川司法行政戒毒系统禁毒防艾志愿活动侧记》，载司法部官网，http://www.moj.gov.cn/pub/sfbgw/jgsz/jgszjgtj/jgtjjdglj/jdgljtjxw/202203/t20220331_451950.html。

很多困难,但是有越来越多的志愿者加入了禁毒队伍,凝聚了蕴藏在人民群众中的巨大力量,我们一定会打赢新时代禁毒人民战争。

第三章　欢迎加入禁毒志愿者队伍

志愿者，是自愿贡献个人的时间和精力，在不计物质报酬的前提下为推动人类发展、社会进步和社会福利事业而提供服务的人。目前，在我国，禁毒志愿者队伍已经成为社会上开展禁毒工作的“主力军”。各志愿者团队也在进一步完善自身体制，加强队伍建设，建立起禁毒志愿者小分队等组织网络，确保志愿者行动长期化、规范化。

禁毒志愿者无私奉献，点滴小事也能聚沙成塔。人生价值不在于有多么辉煌的成就，点滴小事也可以体现人生价值。每一名志愿者贡献的点滴力量，都体现着他们的人格魅力，能让人感觉到温暖。江西省的段大爷已经70多岁了，年轻的时候是一名交通警察。退休之后他决心要发挥自己的余热去帮助、挽救吸毒人员。于是，他开始了帮教工作。十余年来，有300多名涉毒帮教对象在段大爷的耐心帮助下获得了新生。如今，段大爷已经不再是孤军奋战，越来越多的志愿者开始加入段大爷的团队，他们成立了“段大爷工作室”，段大爷担任团队的队长。他用强大的感召力，不断发展壮大这支禁毒志愿者队伍。

“珍爱生命，拒绝毒品！”这八个字一针见血地指出了毒品对生命健康的危害。人一旦沾染毒品，无异于慢性自杀，毒品在腐蚀思想意志的同时，也夺去了身体的健康。全社会对禁毒工作的支持和关注能够激发戒毒者内心的真挚情感，鼓励戒毒人员自尊、自强、自信、自立，用坚强的意志戒除毒瘾，使他们早日摆脱毒品，回归社会和家庭。志愿服务工作的开展对预防青少年误入歧途极为重要，对我们的国家能够持续发展，成为富强民主文明的社会主义现代化国家更为重要。我们期待更多的人行动起来，争做禁毒志愿者。禁毒志愿者的宗旨是：对误入歧途的涉毒人员，用真情去温暖、感化、劝导、帮助他们，解决他们生活中的实际问题，为他们寻找在社会上立足的途径；对不谙世事的青少年，要向他们传递禁毒知识，帮助他们提高自我保护意识，进而增强全社会对毒品的防范能力。

梦想和价值在很多地方都能熠熠生辉，希望有越来越多的人加入禁毒志愿者队伍。“星星之火，可以燎原”，愿禁毒志愿者的“希望、决心和渴望”一直延续，永葆活力。